AF502488

Extrait des Mémoires de l'Académie des Sciences, Arts et Belles-Lettres de Caen.

LETTRES INÉDITES

DU

GÉNÉRAL DUMOURIEZ

ET DU CAPITAINE DE VAISSEAU LA COULDRE DE LA BRETONNIÈRE,

AU SUJET DU PORT DE CHERBOURG,

PUBLIÉES PAR M. C. HIPPEAU.

CAEN,
A. HARDEL, IMP.-LIBRAIRE,
2, rue Froide.

PARIS,
AUBRY, LIBRAIRE-ÉDITEUR,
16, rue Dauphine.

1863.

PORT DE CHERBOURG.

LETTRES INÉDITES

DU

GÉNÉRAL DUMOURIEZ ET DU CAPITAINE DE VAISSEAU LA COULDRE
DE LA BRETONNIÈRE.

Les immenses travaux auxquels la France doit son
beau port de Cherbourg, si merveilleusement creusé
à l'avant-garde maritime du pays, et en face de l'Angleterre, ont été exposés plus d'une fois et appréciés
avec ce sentiment d'admiration qu'ils excitent, non-
seulement dans la Normandie, mais encore dans
toutes les provinces où se conserve le feu sacré du
patriotisme. Il est peu d'histoires plus intéressantes
que celle de la digue et du port de Cherbourg. On
ne peut en suivre avec un cœur indifférent les émou-
vantes péripéties, depuis le moment où l'œuvre gigantesque a été commencée jusqu'au jour où de splendides
fêtes ont célébré son complet achèvement. Cette conquête sur l'Océan et sur la nature, supérieure aux
plus admirables travaux de Rome, le plus beau titre
de gloire du bon et malheureux prince qui l'a décrétée,
était assez glorieuse pour que l'honneur de l'avoir

conçue fût disputé entre les hommes éminents qui les premiers y prirent part.

Des documents d'un prix inestimable dont je dois la communication à la bienveillante affection d'une famille qui porte un nom cher à la Normandie, m'ont fourni les moyens d'apporter à la solution d'une question non encore entièrement résolue, des éléments nouveaux.

J'ai, en effet, sous les yeux la correspondance des ingénieurs, des marins et des hommes de guerre qui ont mis la première main à ces grands travaux : leurs lettres et leurs rapports sont adressés au duc d'Harcourt, chargé par Louis XVI de leur surveillance et de leur direction suprême.

Parmi les lettres dont je parle, les plus intéressantes sont celles du général Dumouriez, commandant à Cherbourg, depuis 1778 jusqu'en 1790, et du capitaine de vaisseau La Couldre de La Bretonnière, à qui appartient la gloire d'avoir fait décider le choix de l'emplacement de Cherbourg, et la construction de la digue dont sa rade est fermée. En mettant en regard de décrets ou de rapports officiels rédigés à loisir, ces correspondances privées, plus sincères et plus vraies, dans leur laisser-aller, on arrive presque toujours (et c'est ce qui donne tant de prix à cet ordre de documents) à établir la vérité en la dégageant des assertions contradictoires, que les parties intéressées sont assez disposées à imaginer pour l'utilité de leur cause.

Si l'on s'en rapportait uniquement, par exemple, aux *Mémoires* de Dumouriez, écrits d'après des notes et des souvenirs (ainsi que l'indique le nom donné à cette sorte d'ouvrages), c'est à lui seul qu'appartiendrait l'honneur d'avoir créé le port de Cherbourg. C'est sans doute à cause de la juste défiance qu'inspire toute prétention exagérée , que la plupart des historiens , à l'exception peut-être de l'auteur de l'*Histoire des Girondins*, grand poète, mais critique peu sévère, se sont montrés à son égard très-sobres d'éloges sur ce point. Ils n'ont rien accordé à celui qui voulait tout avoir. Son humeur entreprenante, et son caractère bouillant, lui avaient fait beaucoup d'ennemis, dont le nombre s'accrut plus tard par suite des événements politiques au milieu desquels il a joué un rôle si important. La France, d'ailleurs, devait tout naturellement oublier un peu le commandant de Cherbourg, pour ne se souvenir que du vainqueur de Jemmapes.

Un oubli plus injuste encore a couvert, pendant un demi-siècle , le nom du capitaine de vaisseau de La Bretonnière. Ce n'est en quelque sorte que d'hier , que la ville de Cherbourg sait d'une manière certaine jusqu'à quel point elle est redevable de son port, de sa digue et de sa rade, à cet éminent officier de marine.

Au moment où l'on annonçait le prochain achèvement des immenses travaux commencés en 1783 et terminés en 1858, l'attention publique fut reportée, par des écrits d'une grande valeur, vers les hommes qui y avaient pris part dès le principe.

Une notice intéressante , publiée par M. de Tocqueville , dans l'*Histoire des villes de France* (1849), un mémoire lu à la Société impériale académique de Cherbourg, par M. Noël, directeur de cette Société (1855), et surtout un long et substantiel article de la *Revue des Deux-Mondes* (15 décembre 1858, et 15 janvier 1859), dû à la plume du savant et regrettable Baude, membre de l'Institut, rétablirent les faits dans leur vérité. Avec cet esprit d'impartialité qui est heureusement devenu le caractère distinctif de l'histoire au XIXe. siècle, ces écrivains eurent soin de mettre en lumière tous les documents qui leur permettaient de rendre justice aux savants, aux ingénieurs, aux marins ayant conçu ou exécuté une œuvre que l'on peut signaler comme un des monuments les plus admirables du génie humain.

La lumière n'est pas néanmoins entièrement faite sur tous les points. On voudrait savoir, par exemple, d'une manière précise quelle a été, sur le choix d'un port destiné à servir d'abri à nos flottes engagées dans la Manche, l'opinion du célèbre Vauban, qui, envoyé dans le Cotentin, en 1675, rédigea un mémoire que l'on regrette de ne trouver aujourd'hui dans aucun des dépôts connus. Il n'est guère permis de douter que l'emplacement de Cherbourg, désigné par lui sous le nom de *position audacieuse*, ne lui ait paru préférable à tous les autres. Les fortifications qu'il y construisit en 1687, et qu'on démolit en 1689, montrent suffisamment toute l'importance qu'il y attachait. Si l'extrait de ce mémoire que j'ai trouvé dans les archives d'Harcourt, et que j'ai pieusement recueilli, pour le publier, ne lève pas tous les doutes sur ce sujet, il fera du moins connaître en grande partie la pensée de ce grand homme sur l'importance stratégique du Cotentin dans ses rapports avec l'Angleterre.

Quant à ce qui concerne les travaux du port, c'est dans la correspondance du duc d'Harcourt, que l'on trouvera les moyens de contrôler et de compléter les documents officiels déjà connus, ou ceux que l'on pourra désormais publier.

Les lettres adressées au maréchal et à ses fils, par Dumouriez et La Bretonnière, auront certainement ce mérite.

Dans une note écrite de la main du capitaine de La Bretonnière, en tête d'un manuscrit dans lequel il opposait son système à celui de l'ingénieur de Cessart, il s'exprime de la sorte au sujet de Dumouriez: « D'après les pièces, il sera aisé de reconnaître le degré de confiance qui est dû aux *Mémoires* du général Dumouriez, qui s'intitule *auteur et artisan du port de Cherbourg*, et dit en toutes lettres que c'est à lui et à ses soins que la France est redevable de ce port. Le fait est qu'il y était commandant de la place, et que ses fonctions se bornaient à y maintenir l'ordre parmi la troupe, ce qui n'a pas toujours eu lieu, et à y faire monter chaque jour la parade, ce qu'il laissait le plus souvent faire à son major de place. »

Nous pouvons, sans amoindrir les titres de M. de La Bretonnière, considérer ces paroles comme inspirées par un juste dépit contre le commandant de Cherbourg, plus disposé à faire valoir ses services qu'à mettre en relief ceux des autres. En consultant leur correspondance, nous verrons qu'ils ont long-temps marché d'accord , et qu'ils ont déployé le même zèle en travaillant à l'œuvre commune. Tous deux ont reconnu et proclamé hautement la supériorité de Cherbourg sur tous les autres points où l'on pourrait creuser un port militaire.

Dumouriez, sorti du château de Caen où il avait passé cinq mois après un emprisonnement de deux ans à la Bastille, avait, en 1776, fait partie d'une Commission qui s'était prononcée pour Cherbourg , et il avait accompagné ce rapport d'observations si justes et si concluantes, qu'en lisant son mémoire, Louis XVI avait écrit en marge : *Dumouriez, commandant de Cherbourg.*

Nous allons montrer combien il avait pris au sérieux sa nomination à ce poste, en 1778. Il eut le tort, il est vrai, de s'obstiner à vouloir que l'on creusât le port , avant de songer à fermer la rade par la digue, dont M. de La Bretonnière démontrait la nécessité. C'était un des exemples de la lutte , qui ne cessa d'exister alors, entre les ingénieurs, les militaires et les marins , réellement plus compétents dans la question. Mais il ne faut pas que ses torts fassent oublier ses services.

Lorsqu'en 1778, Dumouriez fut appelé à Cherbourg, cette ville était loin de prévoir toute l'importance qu'elle aurait un jour ; on n'avait pas oublié cependant l'insistance qu'avait mise l'illustre Vauban, à représenter cette ville et la presqu'île du Cotentin comme devant être l'objet de préoccupations sérieuses de la part du Gouvernement. « De tous les endroits du royaume, avait-il dit, où les ennemis peuvent faire descente , aucun ne leur convient mieux que cette presqu'île , où nous avons compté cinq descentes toutes assurées, pourvu que l'on s'y prenne à marée basse. » « Les Anglais, ajoutait ce grand citoyen, ont les meilleurs de leurs ports si bien situés pour de telles expéditions, qu'ils semblent avoir été faits tout exprès. En moins de huit heures de temps, ils peuvent, en partant de ces ports, arriver sur nos côtes. »

Dumouriez fut du même avis; il comprit d'autant plus promptement le danger qui menaçait Cherbourg et la Normandie, que jamais les vaisseaux de l'Angleterre ne s'étaient approchés plus souvent et en plus grand nombre de notre littoral, qu'ils ne le firent dans les années qui avaient précédé et dans celle qui suivit son arrivée.

Les armements considérables des Anglais, et leurs fréquentes tentatives de descente, devaient engager le Gouvernement français à user de représailles ; et le commandant de Cherbourg ne fut pas le dernier à applaudir à la résolution généreuse qui réunit, en 1779, une armée expéditionnaire, destinée à porter le plus rude coup à notre puissante et redoutable rivale.

En apprenant sa nomination au commandement de Cherbourg, Dumouriez s'était empressé d'en informer le duc d'Harcourt : « Cette grâce du roi, disait-il, m'est d'autant plus flatteuse, qu'elle me met à portée de témoigner mon zèle pour une des plus respectables familles du royaume, pour laquelle j'ai la plus grande vénération, et qu'elle me place directement sous vos ordres. »

Ainsi que tout homme qui, sentant sa force, sait se faire partout sa place, Dumouriez ne perdit pas un seul moment pour montrer à tous qu'il prenait au sérieux les fonctions dont il était investi. Portant un regard attentif et intelligent sur toutes les parties du service , il comprit et essaya de faire comprendre au Gouvernement la nécessité de créer à Cherbourg un port de refuge pour les vaisseaux engagés dans la Manche, en même temps que l'on mettrait la ville, par un système de fortifications bien entendu, à l'abri de toute attaque. Sa prodigieuse activité, ses allures fermes et décidées, la netteté et la franchise de ses explications, la chaleur avec laquelle il soutenait ses opinions, ne pouvaient manquer de soulever contre lui des oppositions et des animosités, dont triompha sa ténacité persévérante. Fort de ses convictions et de son patriotique dévouement aux vrais intérêts du pays, il ne tint aucun compte des efforts que firent pour contre-carrer ses projets d'amélioration, les médiocrités jalouses, qui se vengent de leur impuissance en calomniant les hommes de progrès et d'initiative. Son zèle ne se refroidit pas en présence des obstacles que lui suscitèrent les ennemis que rencontrent tous ceux qui ne craignent pas de se mettre en avant : rien ne l'arrêta, il marcha et on le suivit.

Le rôle assigné à la presqu'île du Cotentin, par sa position même, donnait une grande importance au choix de l'emplacement que devrait occuper le port qu'il s'agissait de creuser. Dumouriez n'hésita pas : il préféra celui de Cherbourg à tout autre et notamment à celui de la Hougue, qui devait plus tard, grâce à de puissants protecteurs, disputer à la première ville l'honneur de servir de boulevard à la Normandie. Les lettres dans lesquelles il exposa ses idées à ce sujet portent les dates de 1778 et de 1779. C'est précisément dans le même temps que le capitaine de La Bretonnière se livrait aux savantes études qui lui permirent de faire prévaloir plus tard son opinion, dès lors aussi fortement arrêtée en faveur de Cherbourg.

Un bien grand intérêt s'attache à cette période de notre histoire. La situation humiliante et désastreuse faite à la France par le traité de 1763 avait cessé. Le pays, ranimé par l'espoir de prendre une éclatante revanche, faisait de sérieux efforts. La marine renaissait à la voix de Louis XVI; l'Amérique échappait à l'Angleterre, après avoir trouvé dans la France du XVIIIe. siècle, une alliée naturelle. En 1779, le ministre de la guerre, M. de Montbarey, fit faire, avec un grand appareil, les préparatifs d'une descente en Angleterre. Deux corps d'armée furent réunis, l'un à St.-Malo, sous les ordres du comte de Vaux, l'autre au Havre, sous ceux du duc d'Harcourt. Partout se faisait sentir cette sorte de frémissement que provoquera toujours, en France, l'annonce d'une expédition contre le pays qu'il est plus facile d'admirer que d'aimer, et que la Providence semble avoir placé tout près de nous comme un principe de noble et généreuse émulation. Pendant tout le cours de cette année, une activité merveilleuse régna dans nos ports et nos arsenaux. On attendit long-temps avec une fiévreuse impatience l'ordre d'appareiller. Cet ordre n'arriva pas.

Dumouriez avait prévu et annoncé au duc d'Harcourt, que ces grands armements n'auraient aucun résultat, et que tout ce beau feu s'en irait en fumée. Si, comme toute la France, il avait une confiance entière dans les bonnes intentions du roi, il savait, par sa propre expérience, combien étaient mobiles et vacillantes les résolutions de la Cour de Versailles, tiraillée dès lors entre les deux influences, dont le conflit fatal fut une des causes de la catastrophe terrible dans laquelle disparut la monarchie. A défaut de cette descente en Angleterre qu'il eût appelée de tous ses vœux, s'il eût pensé que le Ministère aurait assez d'énergie pour la mener à bonne fin, il avait proposé, dès son arrivée à Cherbourg, une expédition moins brillante, mais plus sûre. Les iles qui par leur situation devraient appartenir à la France, et auxquelles une longue possession a fait donner le nom d'*îles anglaises*, Dumouriez voulut les rattacher à la mère-patrie. Plusieurs circonstances favorables rendaient facile la conquête de Jersey et de Guernesey. Après la construction d'un port à Cherbourg, le projet de faire encore changer de nom à ces îles, si voisines du Cotentin, était devenu pour lui une idée fixe. Ses vives instances, secondées par le duc d'Harcourt, et par le marquis d'Héricy, admirateur du génie de Dumouriez, demeurèrent sans résultat. Versailles fit la sourde oreille. Mais, chose triste et misérable ! tandis que l'on négligeait les préparatifs d'une expédition sérieuse, on encourageait sous main deux tentatives faites successivement au grand mécontentement du gouverneur et du lieutenant-général de la Normandie, par le comte de Nassau et le baron de Rullecourt.

Ce projet de descente en Angleterre eut cependant un résultat favorable. En renonçant à aller attaquer les Anglais chez eux, on songea du moins à leur fermer l'entrée de la France et à fortifier les trois principaux ports de la Normandie : Dieppe, le Havre et Cherbourg. On s'était arrêté d'abord au projet de faire de cette dernière ville un bon port marchand. L'ingénieur Lefebvre fut chargé de le construire d'après les plans qu'il avait tracés lui-même. Mais, pendant toute la durée de la lutte terrible soutenue dans les années qui suivirent, contre l'Angleterre, par la France et l'Amérique, Dumouriez ne laissa au Gouvernement ni paix ni trève, jusqu'à ce qu'il eût obtenu du roi et des ministres, que l'on appliquerait à la défense de la Manche une partie des ressources exigées par nos expéditions transatlantiques.

Pendant que Dumouriez écrivait ainsi lettre sur lettre pour attirer l'attention du Gouvernement sur la Manche et sur Cherbourg, un autre correspondant du duc d'Harcourt, le capitaine de vaisseau de La Bretonnière, mettait ses talents, son âme et son cœur au service des mêmes idées. Ces deux hommes étaient dignes de se comprendre et de s'entendre. Leurs efforts réunis devaient finir par triompher de toutes les oppositions. Le nom de M. de La Bretonnière doit figurer au premier rang parmi les membres de ce corps illustre, qui est une des gloires les plus incontestables de la France.

M. de La Couldre de La Bretonnière, né à Marchezieux le 8 juillet 1741, entré au service en 1755 et capitaine de vaisseau en 1780, fut, au mois de mars 1784, nommé commandant maritime de Cherbourg : « le roi ayant été informé, est-il dit dans le décret qui lui conférait ce titre, que le vicomte de La Bretonnière avait le premier fixé l'opinion sur les travaux à faire à la rade de Cherbourg. » Le savant officier avait été, en effet, chargé en 1777, par le ministre de la marine, M. de Sartines, d'étudier, conjointement avec l'astronome Méchain, les côtes de la Manche, depuis Dunkerque jusqu'à Granville. Le mémoire adressé au ministre par M. de La Bretonnière a été publié pour la première fois en 1796, et réimprimé à Cherbourg, en 1860, par les soins de M. le vicomte de La Couldre de La Bretonnière, colonel de cavalerie en retraite, fils de l'éminent commandant de la marine à Cherbourg, de 1783 à 1791 (1). Il ne laissa aucun doute sur les droits sur lesquels se fonde sa nomination au poste qui lui fut confié par Louis XVI. Lorsque le projet de fermer par une digue la rade de Cherbourg fut arrêté, le capitaine de La Bretonnière proposa un plan, qui consistait à couvrir la rade tout entière au moyen de *pierres perdues*, depuis l'île Pelée jusqu'à la pointe de Querqueville. On sait que ce système de pierres libres, c'est-à-dire jetées dans la mer sans autre arrangement que celui qu'elles forment en tombant, ou que la mer finit par leur donner, fut malheureusement abandonné pour celui que proposa l'ingénieur de Cessart. Il consistait à faire la digue avec quatre-vingt-dix rochers artificiels, dont toutes les bases devaient se toucher au fond de l'eau, et les sommets en dépasser la surface de plusieurs mètres. Pour former cette

(1) Une rédaction manuscrite de cet important mémoire, à la date de 1783, se trouve aux archives d'Harcourt.

chaîne de montagnes, il avait coulé chacune d'elles dans une caisse énorme en charpente, à claire-voie, et ayant la forme d'un cône tronqué. Cette caisse vide pesait 1,000,000 de kilogrammes, et devait contenir près de 17,000 mètres cubes de pierres. Tels étaient ces fameux cônes, sur lesquels s'étaient fondées tant d'espérances et qui malheureusement ne purent résister à la violence de la mer. Ce ne fut qu'en 1790 que l'on revint au système proposé d'abord par le vicomte de La Bretonnière.

Les lettres que nous publions ci-après n'attestent pas seulement la part qu'il a prise à la création de la digue de Cherbourg ; elles permettent d'apprécier les nobles et généreux sentiments dont était pénétrée son âme, soit qu'il eût à se réjouir de nos succès, soit qu'il eût à pleurer sur nos désastres. Les premières expriment les vives contrariétés qu'il éprouve de ne pouvoir consacrer exclusivement ses talents et les connaissances spéciales qu'il possède, à la défense des côtes de Normandie (1). Au moment où il se réjouit à la pensée d'être appelé à seconder les grands projets du gouverneur, il est forcé d'aller escorter les vaisseaux que la France envoie à l'Amérique. « Convoyer est sans doute, dit-il, une des fonctions les plus indispensables et le devoir le plus sacré de notre métier ; mais il en est en même temps la partie la plus honteuse et la moins méritante, quoique la plus pénible et la plus délicate ; et le malheur est qu'on a mauvaise grâce à demander à se soustraire à cette corvée, parce

(1) L'Académie n'a imprimé que les lettres relatives au port de Cherbourg.   J. T.

qu'on fournit des armes contre soi, et toujours une réponse en belles paroles sans effet, et qui ne persuadent point. J'avais toujours imaginé que les connoissances que j'ai prises de la Manche, et de la navigation de cette mer, peu fréquentée et presque point connue du reste des officiers, me seroient un titre pour y être employé avec utilité ; mais le sort et les circonstances en décident autrement, à moins que quelque main puissante ne vienne à mon secours et ne lutte à mon avantage contre des événements que je n'ai pu prévoir : je pourrois, par exemple, trouver un ordre à mon arrivée à Bordeaux pour rejoindre l'armée, parce qu'il y restera plus de frégates qu'il ne faut pour en ramener un convoi ordinaire. »

Cet espoir ne se réalisa pas, et ce ne fut que plusieurs années après que la *main puissante*, dont il invoquait l'aide, put obtenir pour lui le poste dans lequel il devait rendre d'incontestables services.

Au mois de septembre 1784, le capitaine de La Bretonnière, l'ingénieur de Cessart et M. Deshayes, commissaire des ports, furent enfin chargés d'exécuter, chacun en ce qui les concernait, les grands travaux conseillés par Dumouriez, et tour à tour décidés ou abandonnés, selon que le vent soufflant du côté de Versailles apportait des résolutions énergiques, ou de lâches retours vers l'apathie et l'indifférence.

Voici la lettre adressée par Louis XVI, à ce sujet, au duc d'Harcourt :

Mon Cousin,

Ayant jugé nécessaire, pour assurer en temps de guerre les opérations de mes armées navales et protéger plus im-

médiatement le commerce de mes sujets, de me procurer,
sur les côtes de ma province de Normandie, une rade
sûre, à l'abri de l'agitation de la mer et des entreprises
de l'ennemi, j'ai fait visiter et examiner les divers points
de ces côtes, entre lesquels les avis de mes officiers de
marine, de mes ingénieurs et des autres gens de l'art,
étaient partagés pour former cet établissement; et après
avoir pesé les avantages et les désavantages que présente
chaque position, je me suis décidé pour l'emplacement
compris sur les côtes du Cotentin, entre l'île Pelée et le
cap de Querqueville, duquel mon port et ma ville de
Cherbourg occupent à peu près le centre. J'ai, en conséquence, donné des ordres, l'année dernière, pour qu'il
soit établi sur cet espace une rade capable de recevoir
au moins quatre-vingts vaisseaux de ligne, et le nombre
de frégates et autres bâtiments légers qu'exige le service
d'une armée navale.

J'ai adopté, à cet effet, le projet qui a été proposé par
le sieur de Cessart, inspecteur général des ponts-et-
chaussées de mon royaume, de fermer cette rade par deux
digues à claire-voie, composées ensemble de quatre-vingts
à quatre-vingt-dix caisses coniques, à jour dans leur
partie submergée et sans fond, lesquelles formeront trois
passes pour les vaisseaux de ligne, conformément au plan
qui vous en sera remis, me réservant d'établir par la suite,
sur les têtes de ces digues, les ouvrages et fortifications
qui seront jugés nécessaires pour défendre lesdites passes
conjointement avec les forts de l'île Pelée, du Homet
et de Querqueville.

Je me suis fait rendre compte de l'état où se trouvent
actuellement les travaux de la rade de Cherbourg, des
moyens qui se présentent pour pousser avec la vivacité
qu'exigent la nature et l'objet de cet ouvrage, et des
précautions qui doivent être prises pour prévenir, dans

2

la suite de l'opération, les accidents qui ont eu lieu cette année. En approuvant les premières dispositions qui ont été faites, je reconnus que les travaux, dont on s'est occupé en 1784, n'ont été, en quelque sorte, qu'un essai qui devait procurer les lumières nécessaires pour dresser un plan à suivre dans l'exécution des ouvrages ordonnés; et il paraît, d'après les calculs de M. de Cessart, qu'il pourra être mis en place et établi dix nouvelles caisses dans le courant de l'année 1785.

J'ai, en conséquence, donné des ordres pour que le département de la finance fît le fond extraordinaire qui a paru nécessaire pour faire face à l'établissement de ces dix caisses, et à d'autres établissements à former extraordinairement, et qui n'aura plus lieu les années suivantes : tels que hangars couverts, magasins, casernes et autres bâtiments; et que la somme que j'ai réglée fût remise directement à la caisse particulière, établie à cet effet à Cherbourg, en douze paiements égaux, le premier de chaque mois, à commencer d'octobre de la présente année. Il sera donné des ordres pareils les années suivantes. pour qu'il soit pourvu, extraordinairement et de la même manière, aux fonds nécessaires pour l'exécution des ouvrages, dont le projet sera arrêté pour chaque année jusqu'à l'entier établissement de la rade.

Mais, comme mon intention est que les fonds extraordinaires que je jugerai à propos d'affecter annuellement aux travaux de ladite rade, soient absolument distincts de ceux de la marine, ainsi que de tous autres, et ne puissent dans aucun cas être appliqués à aucun autre objet, j'ai décidé qu'il sera établi, pour l'exécution de ce projet, une administration et une comptabilité particulières, auxquelles seront attachés un commissaire des travaux de la rade de Cherbourg, un contrôleur, un garde-magasin et un trésorier; et chacun d'eux se conformera, pour l'exercice de ses fonctions , à ce qui est prescrit par les ordonnances pour mes arsenaux de marine, autant que la nature de cette opération particulière et le local le comporteront, tant pour la passation des marchés et les adjudications , que pour la garde , la conservation , la distribution et l'emploi des effets m'appartenant, et pour les paiements à faire aux officiers, ingénieurs, fournisseurs , entrepreneurs , ouvriers et tous autres employés pour lesdits travaux.

Le sieur Deshayes, commissaire de mes ports et arsenaux de marine, a été établi commissaire des travaux de la rade de Cherbourg, ordonnateur dans cette partie, et sera chargé , en cette qualité, de tout ce qui concernera la recette , la dépense et la comptabilité des deniers et des matières.

Il sera incessamment pourvu aux places de contrôleur, de garde-magasin et de trésorier.

Le sieur de Cessart sera chargé de la direction des travaux et de la police des chantiers, de la construction, de la mise à flot, du coulage et du remplissage en pierres des caisses destinées à former les digues, et il aura sous ses ordres le nombre d'ingénieurs et élèves des ponts-et-chaussées qui sera jugé nécessaire pour l'aider dans la conduite des différents ouvrages. Tous les chefs d'ateliers, marins ou autres; les ouvriers de toutes professions, employés dans les chantiers et ateliers sous sa direction , ainsi que les soldats, en tant qu'ils y seront employés comme journaliers, seront sous son autorité.

Le vicomte de La Bretonnière, capitaine de mes vaisseaux, sera chargé de la navigation des caisses, et aura le commandement et la police des gabares, pontons, chasse-marée et autres bâtiments de mer, du parc de marine et de l'atelier particulier qu'il pourra être nécessaire de monter pour les réparations accidentelles à faire auxdits bâtiments. Il aura pareillement le commandement des troupes du corps royal de marine , qui seront casernées à Cherbourg, pour fournir des travailleurs aux chantiers et à la rade ; et tous les officiers, maîtres et patrons de gabares, pontons, chasse marée ou autres bâtiments flottants , employés pour mon service à Cherbourg , seront sous son autorité.

Il sera donné des instructions particulières, tant au vicomte de La Bretonnière qu'au sieur de Cessart et au sieur Deshayes, afin que chacun d'eux connaisse les limites de ses fonctions et s'y renferme exactement.

Mais comme il est nécessaire qu'une autorité supérieure contrôle ces fonctions distinctes et maintienne l'ensemble dans le cours de ces opérations, j'ai fait choix de vous pour veiller à l'exécution de mes ordres et inspecter toutes les parties et tous les détails de l'administration et des travaux de la rade de Cherbourg. Je prescris, en conséquence au vicomte de La Bretonnière, au sieur de Cessart et au sieur Deshayes, dans les instructions qui vous seront adressées pour leur être remises, de vous rendre un compte exact et circonstancié de toutes leurs opérations, et de recevoir vos ordres pour tout ce qui concerne le service qu'ils auront à remplir ; et ce n'est que par vous que devront parvenir les comptes à rendre au département de la marine et à celui de la finance. Vous aurez soin de me faire connaître la marche progressive des ouvrages ; vous vous occuperez essentiellement de tous les moyens qui vous paraîtront les plus propres à en accélérer l'exécution sans nuire à la solidité du travail.

La commission importante pour laquelle je vous ai choisi doit vous être une nouvelle preuve de ma confiance, et je ne doute pas que vous ne la justifiiez dans cette occasion, comme vous l'avez fait dans toutes les autres L'autorité que vous exercez dans ma province de Normandie, les ser-

vices distingués que vous m'avez rendus, et le zèle que
vous m'avez montré pour le succès d'une entreprise dont
vous connaissez les difficultés et l'étendue, tout m'assure
que vos lumières et vos soins me seront très-utiles pour la
perfection et l'accélération des travaux ; et je suis persuadé
que votre esprit conciliant ne le sera pas moins pour établir
la bonne intelligence et l'harmonie qu'il est si nécessaire
de maintenir entre les divers coopérateurs. Et la présente
n'étant à autre fin, je prie Dieu qu'il vous ait, mon cousin,
en sa sainte et digne garde.

Écrit à Versailles, le 20 septembre 1784.

Signé : LOUIS.

Signé : Le maréchal DE CASTRIES.

A mon cousin le duc d'Harcourt, lieutenant général de
mes armées, gouverneur de ma province de Normandie, y
commandant en chef.

Cette grande décision avait été certainement déterminée par le rapport adressé en 1783 , par M. de La
Bretonnière , sur les moyens de procurer dans la
Manche une rade , où les escadres et les bâtiments de
guerre pussent se retirer en sûreté des vents et de
l'ennemi. — Ce rapport était suivi d'un parallèle
entre la Hougue et Cherbourg, relativement à leur
position et à celle de leurs rades.

La part prise à la création du port et à la construction de la digue, soit par MM. les ingénieurs Noël et
Lefebvre, soit par M. de Cessart; la suite des événements qui rendirent inutiles les travaux pour lesquels,
de 1784 à 1790, 28 millions de livres avaient été
dépensés ; la reprise de cette œuvre admirable par

d'autres moyens, dont quelques-uns avaient été entrevus par Dumouriez, et proposés par M. de La Bretonnière, seront exposées dans le grand travail que nous nous proposons de publier sous les auspices des Conseils généraux des cinq départements de la Normandie, et qui embrassera l'histoire de l'administration religieuse, civile et militaire de cette province au XVIIe. et au XVIIIe. siècle.

Les lettres que nous détachons ici de la Correspondance de Dumouriez, et de celle du capitaine de La Bretonnière, pourront faire juger de l'importance des documents mis à notre disposition.

Lettres du général Dumouriez.

Aux Andelys, le 3 mai 1778.

Monsieur le Duc,

Je viens de recevoir l'avis du Ministre de ma nomination au commandement de Cherbourg. Les ordres sont entre les mains de M. le maréchal d'Harcourt. Cette grâce du roi m'est d'autant plus flatteuse, qu'elle me met à portée de témoigner mon zèle à une des plus respectables familles du royaume pour laquelle j'ai la plus grande vénération, et qu'elle me place directement sous vos ordres. Je tâcherai de mériter vos bontés et votre confiance, je vous les demande avec instance. Comptez, Monsieur le Duc, sur le vif attachement et le profond respect avec lesquels j'ai l'honneur d'être, Monsieur le Duc, votre très-humble et très-obéissant serviteur.

DUMOURIEZ,
Colonel d'infanterie, commandant à Cherbourg.

Cherbourg, le 26 juin 1779.

Monsieur le Duc,

J'avoue que je ne conçois rien à l'abandon de Cherbourg et Granville, rien n'est plus pressé que de pourvoir à la sûreté de ces deux villes. Les Anglais peuvent être avertis, du jour au lendemain, du départ des deux régiments. Il y a 7 à 8 frégates qui rôdent tant ici devant que dans la Déroute Grâce à l'obstination de l'artillerie, on m'a enlevé cet hiver 1,000 fusils de l'armement du régiment de Languedoc, que je gardais soigneusement, et j'ai encore reçu une mercuriale que le premier commis a sûrement fait signer sans la lire, dont je n'ai fait aucun cas. Ces fusils me manquent plus que jamais, car je n'ai pas dans la ville plus de 50 à 60 patraques d'armes à feu très-mal en ordre. Les 100 hommes du régiment de Normandie se réduisent à 33 hommes effectifs entièrement incapables ; j'ai 27 invalides et 17 canonniers. Il ne me reste pas même de matelots, qu'au moins je pourrais armer en cas de besoin. Ainsi, les Anglais sont les maîtres de venir débarquer dans l'anse Ste.-Anne, ils encloueraient les 8 pièces du Homet, celles du Galet et détruiraient toutes mes batteries fort à leur aise. Je ne peux compter que sur 30 gardes des fermes, que je suis obligé de charger de tout le service extérieur. La Hougue est dans la même position, mais au moins les batteries sont fermées.

J'attends les troupes avec impatience, sans cela je ne réponds de rien du tout.

Ma vive reconnaissance, quel que soit le succès de la démarche que vous avez bien voulu faire, égale le respectueux attachement avec lequel j'ai l'honneur d'être, Monsieur le Duc, votre très-humble et très-obéissant serviteur,

DUMOURIEZ.

Cherbourg, le 20 novembre 1780.

Monsieur le Duc,

Je n'ai point encore vu M. de La Bretonnière qui est à Valognes, malade, avec deux clous sous les aisselles. M. le marquis d'Héricy, qui me l'annonce, me mande *qu'il lui a lu un parallèle de Cherbourg et la Hougue, entièrement en faveur de notre port; que ce mémoire, appuyé sur la partie nautique, est le supplément du mien;* j'écris à ce général de tâcher de m'amener M. de La Bretonnière d'ici au 2S, jour de mon départ. Je compte arriver le 29 au soir à Caen. Vous jugez bien, Monsieur le Duc, qu'un des principaux motifs de mon voyage est de vous faire ma cour, et de vous témoigner toute ma reconnaissance des bontés continuelles dont vous m'honorez. Les grâces de la Cour me seront plus précieuses me venant par votre canal. Je vous prie de vouloir bien demander tout de suite un congé de dix jours à dater du 5 décembre ; car, à moins qu'on ne me retienne plus longtemps presque par force, je désire être de retour ici à la fin de l'année, n'abandonnant en temps de guerre mon poste qu'avec une extrême répugnance, quoique bien sûr qu'il n'y arrivera rien d'extraordinaire dans cette saison.

J'ai l'honneur d'être avec le plus respectueux attachement, Monsieur le Duc, votre très-humble et très-obéissant serviteur.

Dumouriez.

Rien de nouveau que la certitude de l'arrivée de M. de Guichen à Cadix, et du ravitaillement de Gibraltar. Je crains les nouvelles de l'Amérique.

Cherbourg, le 30 janvier 1782.

Monsieur le Duc,

Ce n'est certainement que d'après vos idées, et pour y concourir, que je m'étais engagé avec M. de Vergennes à composer un mémoire qui pût réveiller les idées sur Cherbourg. Le contentement qu'il m'a témoigné de la première partie du mémoire m'a engagé à expédier la seconde que vous avez reçue l'un et l'autre par la dernière poste. J'espère qu'avec la fermeté de M. de Vergennes et la suite que vous pourrez mettre dans votre séjour actuel à Paris, il se décidera quelque chose, sinon pour le port de guerre, ou la rade fortifiée, au moins pour le port marchand qui est un préliminaire indispensable d'entreprises plus grandes.

J'ai averti M. de Longecourt du mémoire envoyé par M. de Caux. Il m'a dit qu'il ne pouvait pas pressentir de quelle espèce pouvaient être les différences d'opinion qu'on lui suppose, puisqu'il a toujours été ici passif et sans donner à connaître à ces M^{rs}. quelle était son opinion et quelle interprétation il donnait aux articles du Réglement. Il croit qu'il conviendrait qu'on lui donnât communication des articles de ce mémoire qui lui sont personnels : j'avoue que j'ai la même idée ; au reste, il a une confiance entière dans vos bontés, votre fermeté et votre justice.

Je pense que les dissipations et le désordre ayant existé tout le temps que les travaux ont été conduits d'après l'ordonnance de 1776, entr'autres l'histoire des adjudications, étant une farce puérile, où aucun des membres étrangers à la besogne, qui sont obligés d'y assister et de donner la sanction à de mauvais marchés par leur signature, n'a voix représentative, ni caractère pour s'opposer aux abus, il a été très-bien combiné de créer un conseil d'administration, et qu'il faut le maintenir. Je pense que les

.trois membres du génie ne doivent être comptés que pour un ; que le commissaire des guerres représentant l'intendant fait un, et qu'il faut une troisième voix *pondérative et présidente* pour débarrer, qui est vous, représenté par qui on voudra. Je pense que si le conseil est composé de ces trois voix, il ne reste plus qu'à expliquer les fonctions des membres actifs de ce conseil, qui sont le Directeur, le Sous-Directeur, le Major et le Commissaire. Je pense que ces membres ayant leurs fonctions bien expliquées, se surveillant mutuellement, et surveillés supérieurement par vous et l'intendant, la besogne ira d'elle-même, et qu'il n'y aura plus de petites disputes, ni d'arbitraire. Voilà mon opinion à cet égard, que je soumets à vos lumières. Ma femme est bien sensible à vos bontés ; j'ignore encore quand elle se délivrera de son enfant, mais elle jouit d'une santé excellente.

J'ai l'honneur d'être, avec le plus respectueux attachement, Monsieur le Duc, votre très-humble et très-obéissant serviteur. DUMOURIEZ.

Comme dans le procès-verbal d'adjudication du 15, M. de Caux a fait mention de mon refus d'assister quoiqu'invité, si M. le marquis de Ségur vous en parle, je vous prie de lui dire que je vous en avais prévenu dès le 4.

Cherbourg, le 27 février 1782.

Monsieur le Duc,

J'apprens par une lettre que reçoit le chevalier de Lagrée, commandant les 3 compagnies d'artillerie du régiment de Toul qui sont ici, qu'il va arriver incessamment des ordres à ces 3 compagnies, à celle des sapeurs qui est avec les drapeaux à St.-Lo et aux 2 qui sont à Granville , d'aller se rejoindre en Bretagne avec la brigade qui est déjà partie ces jours derniers, et avec les restes du 1er. bataillon. Ainsi, voilà tout le Cotentin sans artillerie.

Les canonniers garde-côtes ne peuvent pas la suppléer. Etant peu nombreux, si on les réunit à Granville, la Hougue et Cherbourg, les batteries de la côte, dont on vient de supprimer les canonniers, seront sans bras pour les servir, d'ailleurs, il y a eu trop de mutations dans ce corps, les officiers sont trop incomplets, trop peu choisis, et la plupart trop vieux, pour qu'on puisse compter sur une pareille troupe, qu'il faudrait d'ailleurs payer et entretenir tout l'été, ce qui serait fort cher et d'une médiocre utilité en cas de besoin.

M. le marquis d'Héricy vous fera toutes les représentations que son expérience et les besoins de la défensive qui roule sur lui, lui suggèreront sur les postes importants de la Hougue et Granville. Le premier peut être enlevé facilement d'un coup de main par un corsaire, les deux forts n'étant occupés que par une vingtaine d'invalides mutilés ; et si le cas arrivait il faudrait une attaque longue, fâcheuse et meurtrière pour le reprendre.

Je ne m'occupe principalement que de Cherbourg qui m'est confié. C'est l'entrepôt des corsaires, des prises et des convois du Havre pour Brest ; tous les étés il est bloqué, et il s'y passe de fréquentes canonnades. Il va me rester, pour 80 bouches à feu que j'y ai mises en état, une compagnie d'invalides de 40 hommes, la plupart sortis des dragons et de l'infanterie, et pas un homme pour tirer une bombe. Ainsi je ne peux répondre de rien, si on ne me donne pas des bras.

Vous remarquerez que les Anglais arment en ce moment vingt vaisseaux depuis 18 jusqu'à 40 canons, destinés à protéger leur navigation et interrompre la nôtre dans la

Manche. Je les crois hors d'état et de volonté de faire des descentes sur nos côtes ; mais vous savez mieux que moi, Monsieur le Duc, que la presqu'île est isolée, et que si les Anglais savaient qu'il ne reste que deux bataillons pour défendre sa totalité, qu'ils détachassent 3 ou 4,000 hommes de Jersey, il leur serait peut être facile, en réunissant quelques forces maritimes, de l'envahir et de nous faire dans ce point une diversion plus honteuse encore que nuisible. Il ne reste pour cette défensive que 900 à 1,000 hommes du régiment de Walduer, qui ont à couvrir toute la côte de l'ouest jusqu'à St.-Germain, toute la côte du nord entre les deux caps et toute celle de l'est jusqu'aux Veys, c'est-à-dire plus de 36 lieues de développement des côtes. La troupe la plus à portée est un bataillon de grenadiers provinciaux qui est à Coutances, auquel il faudrait 3 ou 4 jours pour joindre, et qui n'est pas trop bien discipliné, manquant d'officiers. Je vous prie de faire ces représentations à M. le marquis de Ségur : elles me paraissent assez importantes pour ne devoir pas être différées.

J'ai l'honneur d'être, avec le plus respectueux attachement, Monsieur le Duc, votre très-humble et très-obéissant serviteur. DUMOURIEZ.

Les Anglais ont eu de mauvaises nouvelles de l'Inde ; les fonds ont baissé malgré l'arrivée des vaisseaux, et on a eu grand soin de ne pas laisser descendre à terre ni parler à personne quelques prisonniers qui nous sont revenus.

Cherbourg, le 24 mai 1782.

MONSIEUR LE DUC,

Voici les affreux détails de la défaite complète de M. de Grasse, qui m'est arrivée par un paquebot entré ici ce matin, portant M. de Kerengal, capitaine du vaisseau l'*Actionnaire*. Il m'arrive ce soir un second paquebot : la ville est pleine de soldats prisonniers : outre les 250 partis avant-hier et hier, j'en ferai encore deux colonnes de 200 chacune, outre une de matelots Je ne vous ajouterai aucune réflexion sur ce terrible événement, elles seraient amères et inutiles. Tout tourne contre nous : on est inquiet du convoi de M. de Peyriers parti pour l'Inde avec les régiments d'Aquitaine. La Marck et amiral Roussillon, dont ces prisonniers-ci étaient le reste, et on a appris que l'*Annibal* de 74 qui avait été démâté dans le combat de Praya, parti du cap de Bonne-Espérance avec des mâts de hasard, a coulé à fond dans les mers de l'Inde, en allant rejoindre l'escadre de M. d'Orviliers.

J'ai l'honneur d'être, avec le plus respectueux attachement, Monsieur le Duc, votre très-humble et très-obéissant serviteur.

DUMOURIEZ.

Cherbourg, le 29 mai 1782.

MONSIEUR LE DUC,

Il est absolument impossible d'empêcher la nouvelle terrible que je vous ai envoyée de se répandre ; elle a été apportée ici par 500 personnes qui ont été témoins des réjouissances publiques en Angleterre, qui l'ont dit à toute la ville, et qui se sont répandues dans toute la France en la publiant. Vous jugez combien je souhaite qu'elle ne soit pas vraie, mais il est difficile de la contester.

Le ministre actuel n'oserait pas tromper sa nation aussi grossièrement, en lui faisant faire des réjouissances publiques. La lettre de Rodney est officielle ; elle contient l'état nominatif des morts et des blessés de son escadre ;

elle est apportée par le *lord Crauston* au Roi et par le capitaine Byron à l'Amirauté. Qu'avons-nous à opposer à l'authenticité de cette nouvelle? Rien d'officiel: un aviso parti, du 12 au soir, de notre flotte, donne à la Martinique des nouvelles vagues, qui en partent le 16 pour venir en France. M. de Grasse n'écrit point par cet aviso, ni M -de Vaudreuil. Le soin qu'a M. de Bouillé de mander à Mme. de Vaudreuil que son mari se porte bien, est une preuve qu'il y a quelque malheur ; il ne parle point du combat.

Je crois que Rodney a dépêché le *lord Crauston*, qu'il a écrit la dépêche officielle, et que très-certainement il n'aurait pas eu l'impudence de mander qu'il a pris M. de Grasse et la *Ville de Paris*, si cela n'était pas : il sait qu'il n'est pas aimé, et il ne risquerait pas son honneur et sa vie par un pareil mensonge.

Je crois que, s'il y en a, c'est de notre côté ; je crains que nos ministres ne jugent la nation assez avilie pour vouloir la tromper : il vaudrait mieux se servir de la vérité pour lui rendre toute son énergie, mais il faudrait ensuite savoir l'employer à la chaude.

Si les deux nations qui languissent à Cadix et dans les vains projets de l'inutile siége de Gibraltar voulaient réunir tous leurs vaisseaux à Brest, il serait encore temps de faire, par désespoir, ce qu'on aurait dû faire au commencement de la guerre par système raisonné, et de nous mener en Angleterre à la fin du mois d'août. Il ne faudrait y porter que des fusils, des canons, et prendre un port, soit Portsmouth soit Plymouth, pour que nos escadres pussent y stationner et nous y apporter nos besoins. C'est là notre unique ressource ; on ne l'emploiera pas, notre ruine sera achevée en peu de temps et suivie de près de la ruine ou de la défection de nos faibles alliés.

Voilà l'Extrait de ce qui est venu ici en droiture de Nantes ; vous avez les nouvelles de Versailles.

On a fait les réjouissances dans les îles vendredi passé ; elles avaient été faites à Plymouth le 20 (lundi), et on fit passer tous nos officiers prisonniers au milieu de la place , au travers de la joie insultante et grossière du peuple.

Mes pauvres Suisses sont sur les dents de toutes ces conduites, et il est très-pressant que le régiment que vous destinez pour Valognes y arrive.

J'ai l'honneur d'être, avec le plus respectueux attachement, Monsieur le Duc, votre très-humble et très-obéissant serviteur.   DUMOURIEZ.

Le 9 avril, **M.** de Grasse fait sortir de la Martinique un convoi de 80 à 100 bâtiments de transport et 6,000 hommes de troupes , escorté du *Sagittaire* , de l'*Expériment* et de plusieurs frégates.

Ce même jour, **M.** de Grasse a connaissance que l'amiral Rodney veut intercepter ce convoi ; il met à la voile et présente le combat à l'amiral anglais. Dans l'engagement, le général français fait rentrer le convoi à la Guadeloupe. Le soir du même jour, le convoi fait route pour St.-Domingue. Le *St.-Esprit* et le *Spectre* s'étant abordés, sont obligés de rester à la Guadeloupe.

Le 10, **M.** de Grasse met à la voile et observe l'amiral anglais en se tenant au vent.

Le 11, **M.** de Grasse avec 30 vaisseaux et l'amiral anglais de 37 vaisseaux. Le 12, il y a eu une affaire générale dans laquelle nous perdons le *Glorieux ;* elle a duré jusqu'au soir. Le 11, **M.** de Grasse se disposait à un troisième combat.

Cherbourg, 1783.

CONFÉRENCE DU 4 SEPTEMBRE.

M^{rs}. de Bavre, La Bretonnière, de Cessart et moi nous étant assemblés, nous avons raisonné sur la navigation de la machine, qui est la partie la plus difficile, et sur laquelle nous avons le moins de moyens. Il a été décidé unanimement qu'il faut employer la remorque à la voile, comme la seule praticable, tant pour surmonter les courants que pour arriver promptement et en droiture à une destination fixe, et qu'il faut aussi que les 4 chasse-marée avec les 4 corps-morts accompagnent la caisse.

Le résumé de cette conférence est qu'il faut considérer 4 parties principales dans cette machine : 1°. sa construction ; elle est démontrée par le fait et a parfaitement réussi ; 2°. sa flottaison ; elle est démontrée par les calculs et par l'expérience du Havre, mais on ne peut pas se dissimuler que les tonnes qui assurent sa flottaison, s'opposent à sa navigation ; 3°. sa navigation. Il y a un premier moyen qui a été débattu, c'est celui de 2 chameaux ou bâtiments acolytes ; il a été décidé que, pour les employer, il faudrait les construire exprès, à varangues très-plates et d'une forme particulière, outre deux saillies arquées qu'il faudrait y adapter pour pouvoir embrasser la forme circulaire de la machine et les tenir fixes. Un second moyen, qui ne peut pareillement servir que par la suite, mais qui est simple et très-sûr, c'est celui de 4 pontons, ou gros vaisseaux de guerre, démâtés, chargés chacun d'un bon cabestan avec 100 hommes pour le virer, en cas qu'on fût pris de calme dans la traversée, ou qu'on se vît maîtrisé et dérivé par les courants. Ce moyen proposé par M. de Bavre sera nécessaire à demander ; il n'exclut ni les chameaux, ni la remorque à la voile, ces 4 pontons seraient mouillés à distance égale, comme de 300 toises, au vent et sous le vent, sur la route que le cône aurait à parcourir ; ils serviraient en même temps de caserne pour les matelots et de dépôt de pierres ; l'utilité en sera détaillée dans le mémoire des demandes à faire, ainsi que celle des chameaux, leur forme et leur construction.

Pour ce premier cône, on ne peut employer que les moyens très-insuffisants que l'on a ; mais l'avis est unanime que la gabare l'*Etoile*, le *Victor* et le lougre le *Ballon*, arrivé cette nuit, seront employés à la remorque à la voile. On préfère de faire accompagner la machine par les 4 chasse-marée, porteurs des 4 corps-morts, au parti qu'on avait jugé précédemment devoir prendre, de commencer par mouiller les 4 corps-morts avant la remorque, parce que, dans le cas où la force des courants dériverait la machine et empêcherait son arrivée au centre du mouillage des corps-morts, ils deviendraient inutiles, et il ne resterait plus de moyens pour fixer la machine.

4°. Le coulage de la machine a aussi été traité. M. de Cessart et M. Huber calculent dans ce moment le moyen de couler en plusieurs temps, et de ne laisser pour le dernier moment de l'enfoncement que 18 pouces, ou deux pieds au plus. M. de Bavre a observé que lorsque le cône serait en mouvement, il serait avantageux, pour lui donner plus de résistance contre le courant, de l'enfoncer de 20 pieds au lieu de 10, ce qu'il faudrait tâcher d'effectuer sans arrêter sa marche. Les ingénieurs ont soutenu longtemps qu'il était impossible de procéder à l'enfoncement ou à l'enlèvement d'une partie des tonnes sans s'arrêter; mais enfin on est convenu qu'on pouvait couper les attaches des tonnes deux à deux, indépendamment les unes des autres, en les numérotant doubles des deux côtés opposés; on est convenu de signaux de pavillons pour cette manœuvre qui, débarrassant petit à petit le cône de ses tonnes extérieures, lui procurera un enfoncement insensible : il ne restera alors, à son arrivée au point de coulage, que la ceinture d'en bas et les tonnes intérieures. On a examiné aussi les dangers qui résultent de l'équinoxe, des vents qui peuvent être forts, de la lenteur de l'opération du jet des pierres ; on a jugé qu'il fallait fixer sans perdre de temps le cône dans le lieu de son coulage pour l'empêcher d'être déplacé par les courants ou les gros vents : il a donc été décidé que pour se donner du temps on porterait 7 à 8 ancres, outre les 4 corps-morts qu'on placerait autour du cône dans les directions les plus dangereuses ; on a discuté la manière de tendre les câbles de ces corps-morts et ancres, et on a jugé qu'il fallait des virvaux ou cabestans placés aux 4 points cardinaux de la machine pour faire cette opération qui n'est pas sans difficulté.

Enfin on a traité aussi le remplissage, qui ne peut être que très-lent dans la saison avancée dans laquelle nous entrons ; mais on n'a pas trouvé d'autre ressource que celle des auges et des bourriquets ou caisses trouvés par M. de Cessart. Il a été aussi question de la dimension de la rade et du gisement des deux branches du môle. M. de Bavre, qui connaît parfaitement la rade, a prononcé qu'on ne peut pas se mettre en avant de l'île Pelée et de la pointe de Querqueville ; qu'en s'élevant en dehors de cette parallèle, on trouverait des courants très-violents, des bas-fonds et trois bancs qu'il faut mettre en dehors des môles ; qu'on pourrait à la vérité élever un peu les deux extrémités centrales de chaque branche, mais qu'il n'était pas possible de fixer une hauteur déterminée entre le Homet et les têtes intérieures de la passe, comme de 1400, 1200, ou 1000 toises ; que s'il ne s'en trouvait que 800 au point où le môle peut courir sans rencontrer les bancs, ou la trop grande profondeur, ou les courants, il fallait

s'arrêter à 800 ; que cette largeur était déjà très-suffisante,
puisqu'en plaçant trois lignes de corps-morts à 150 toises,
et laissant 150 toises en avant pour ne pas être trop près
des môles et 150 en arrière pour ne pas être trop à terre,
on pouvait mouiller trois lignes de 20 vaisseaux chacune
sur la longueur de la rade, sans les ressources de sa
profondeur. Comme ces Messieurs ont un plus grand intérêt que personne de nous, en leur qualité de marins, à
ne pas rétrécir les dimensions de la rade, comme ils re-
gardent ce qu'on voudrait se donner de surplus comme
gigantesque et impossible, il semble que leur avis doit
prévaloir.

Cherbourg, le 9 août 1784.

Monsieur le Duc,

J'ai été enchanté de recevoir une lettre de votre main, qui
m'assure le rétablissement de votre santé. Recevez-en mon
compliment, tant pour vous que pour la très-grande affaire
que vous allez arranger. Votre présence est très-nécessaire
à Paris, et les ministres vous y attendent impatiemment.

Voilà le vrai moment d'arranger un plan général qui
établisse un grand ensemble que vous puissiez diriger ;
tout en dépend. C'est un point de réunion tranquillisant
pour les individus, plus fort que les incompatibilités et les
prétentions des corps particuliers, fait pour établir la
confiance des ministres, fait pour assurer aux travaux une
marche fixe et prompte.

Je doute beaucoup que la 3e. caisse soit prête pour les
premiers jours de septembre : nous avons des temps détes-
tables, nous n'avons encore que le premier levage de fait.
L'ouvrage a été interrompu jusqu'au 12 ou 13 par la
morte-eau ; alors il restera encore trois parties de levage,

toutes les moises, tout le remplissage, le gréement, etc.
Outre cela, qui ne peut pas se faire en 15 jours, la ton-
nellerie ne sera pas prête non plus. M. de Cessart est
obligé de faire rebattre toutes ses pièces, et même il prend
le parti de les faire toutes cercler à neuf, avec des bandes
de fer beaucoup plus fortes, parce que les cercles, qu'on
avait faits d'abord avec économie, n'étaient pas propor-
tionnés avec la force et l'épaisseur des bois. Je suis tout
consolé de ce retard. Deux caisses, comme épreuve, en
valent autant que trois Il n'est pas prudent de couler la 3e.
à l'entrée de l'équinoxe, n'ayant ni le temps ni les moyens
de la remplir. Ce remplissage aurait entraîné une dépense
de plus de 30,000 liv. par mois pour l'entretien d'une
cinquantaine de chasse-marée pendant tout l'hiver.

L'économie et la promptitude de cette entreprise dépen-
dent d'une sage distribution des différents genres d'ouvrages, et de bien caser l'arrangement de chaque campagne.
C'est ce qu'aucune des parties exécutrices ne vous indi-
quera avec précision. On ne peut faire cette distribution
que dans un conseil où vous discuterez les différents avis.
C'est la forme de ce conseil qu'il faut que vous arrangiez,
tant avec les départements qu'avec les préposés.

Le retard du coulage de la 3e. caisse ne doit pas empêcher le voyage de M. le maréchal de Castries, qui a des
choses bien plus essentielles à voir que ce spectacle, et je
souhaite que vous le déterminiez à venir, d'autant plus
que, d'après ce qu'on me mande, il montre un peu d'indé-
cision ; cependant toutes les épreuves ont réussi, tous les
résultats sont acquis.

M. de Cessart m'a dit hier qu'il vous envoie, par cette
poste, les plans et devis dont vous avez besoin

Voici l'état du remplissage jusqu'au 7 août :

1re C^e. 560 chasse-mar. 29516 ton. ou 2361 toises cub. 3 1|2 ton.
2e C^e. 217   id.   11166   ou 893   id.   3 1|2.

J'ai l'honneur d'être, avec le plus respectueux et le plus tendre attachement, Monsieur le Duc, votre très-humble et très-obéissant serviteur.

DUMOURIEZ.

Cherbourg, le 18 août 1784.

MONSIEUR LE DUC,

Vous verrez par ma lettre du 16 que j'ai prévu votre intention sur l'armement d'une batterie ; j'ai pris l'avance à cet égard, parce qu'il faut quelque temps pour raccommoder les trois seuls affûts marins qui restent ici, tous les autres ayant été vendus, et parce que je désirais d'ailleurs d'avoir cette batterie en état pour la réception de M. le maréchal de Castries.

Votre lettre du 13 m'a fait grand plaisir, parce que je vois que vous êtes content et que vous n'éprouvez aucune contradiction. Mais mon tendre attachement pour vous me force à vous répéter qu'avec des ordres positifs, de l'argent, des bras et tous les matériaux nécessaires, vous pouvez être compromis, et ne réussirez à rien, tant que cette affaire sera livrée à l'anarchie et à l'arbitraire.

Je crois tous les sujets employés ici pleins d'honnêteté, de talents, de zèle et très-bons, chacun dans leur genre ; mais il n'y a pas d'ensemble, il ne peut pas même y en avoir. Les prétentions et les jalousies sont réciproques, et au moins égales : chacun écrit et agit de son côté. Le ministre ne peut qu'être trompé par toutes ces correspondances discordantes. Il faut un chef de qui tout ressorte, qui accorde toutes les parties, qui embrasse et unisse toute la besogne et toutes les demandes. Il faut des plans arrêtés, des registres de délibérations, un conseil d'administration. Il n'y a que vous qui puissiez remplir cette grande fonction. Si on ne prend pas ce parti, tout restera dans la confusion et la discorde. On ne peut établir ni l'ordre nécessaire dans les détails d'aussi grands ateliers, ni une comptabilité sage, ni la célérité dans des travaux de cette importance et de cette étendue sans un chef unique. Ce chef doit être neutre, impartial et ne tenant à aucun corps. Il doit être, par son état et par son personnel, au dessus de tous. Ce chef, c'est vous; c'est ce que je répète depuis le mois de juin, fondé sur l'expérience de nos deux campagnes. J'ai fait des notes sur tout cela, je ne m'ingèrerai pas de les donner, parce que cette affaire m'est étrangère, et que la part que je peux y avoir dépend du degré de confiance que vous m'accorderez.

Mais je vois avec peine une grande déprédation de temps et d'argent. Les moments sont pressants, les jours que nous perdons sont des mois et des années pris sur l'avenir.

Je crois indubitablement qu'on peut en 6 ans fermer la rade de Cherbourg, s'il y a une autorité unique. Je crois de même qu'on n'en fera pas la moitié avec une dépense infinie, dans le même espace de temps, si les petites considérations empêchent cet arrangement indispensable. Je sens bien que vous pouvez être embarrassé pour dire cela vous-même ; mais il faut le faire dire par d'autres, et c'est sur quoi roule toute ma correspondance avec M. de La Millière, qui n'est point ministérielle, mais d'amitié intime.

En vous disant tout cela, je suis les mouvements d'un cœur qui vous est dévoué depuis que je suis à vos ordres. Cette affaire est la vôtre ; votre gloire, votre bonheur y sont attachés comme le bien de l'État.

Puisque vous en répondez au roi et à la nation, il faut que vous soyez maître de l'exécution.

Pour que M. le maréchal de Castries puisse faire ses

demandes au contrôleur-général, il faut d'abord un plan,
un projet successif de campagne ; il faut distribuer ce qui
doit être fait en été , ce qui doit être fait en hiver. Il
faut *époquer* la construction, la navigation, le remplissage.

Le même travail doit régler les demandes du ministre
de la guerre, tout doit marcher ensemble. ·

Quant à la communication entre les parties coopérantes,
elle s'établira naturellement lorsque tout passera par vous.
Il faut ici une intimité d'affaires indépendante des sentiments particuliers , mais dépendante de la forme d'un
conseil; car, d'ailleurs, toutes les petites paix fourrées, tous
les petits replâtrages politiques, bons pour des affaires or-
dinaires, ne peuvent que préparer de nouveaux griefs , de
nouvelles désunions et des retards funestes à une aussi
grande entreprise. Je suis content de moi , puisque vous
en êtes content ; je crois que les ministres le sont aussi ,
parce que vous avez eu la bonté de leur en rendre un
compte avantageux ; mais je vous avoue que, lorsque tous
les coopérateurs d'une affaire aussi importante, depuis les
plus grands jusqu'aux plus petits, ont reçu des marques
de satisfaction et des compliments, je ne m'attendais pas
à être le seul à qui ils ne disent rien du tout. Cela vaut
encore mieux que d'être mis à la Bastille (1) : ainsi, patience.

Je suis désolé de la fièvre de M. votre frère.

Il fait, depuis 36 heures, une tempête diabolique.

J'ai l'honneur d'être , avec le plus respectueux et le plus
tendre attachement , Monsieur le Duc , votre très-humble
et très-obéissant serviteur,

Dumouriez.

Il n'est pas possible que la 3e. caisse soit prête pour
l'époque du voyage de M. le maréchal de Castries. Le

-----

(1) Allusion à son emprisonnement à la Bastille, où il fut enfermé
six mois et non deux ans comme il est dit plus haut, p. 344.

mauvais temps nous contrarie aux grandes marées ; celle-ci sera perdue encore si l'ouvrage résiste aux coups de mer qui sont furieux. Il a bien des choses à voir ici, indépendamment de ce spectacle auquel il · faut qu'il renonce. Il vaudrait bien mieux employer l'argent qu'on consommera en travaux trop tardifs et en chasse-marée coûtant plus de 30,000 liv. par mois , à la construction des ateliers et de toutes les bâtisses qui devraient être commencés, pour tout ce qui regarde la maçonnerie, avant· la saison des pluies.

A midi.

La 3e. caisse n'a pas pu résister à la tempête, elle est renversée et brisée. La gabare la *Forte* qui chasse sur ses ancres risque beaucoup. Il nous manque 8 chasse-marée, mais je crois en voir les mâts par dessus le port du Becquet. M. de Varage y court. Ceci prouve que , passé le 15 août, il ne faut plus penser à couler. Tout dépend de l'arrangement des campagnes, tant pour la promptitude que pour la défense. Les 3 pontons qui sont en rade souffrent beaucoup ; je suis inquiet des 60 hommes du régiment de la Reine plus que des soldats de marine qui sont plus faits à ces éléments. Quand la tempête sera calmée , on travaillera à sauver les bois à marée basse. J'y vais.

A 2 heures.

J'arrive du chantier. on travaille à sauver les bois : il y en aura peu de perdus ; mais tout est brisé, surtout à l'endroit des boulons. J'ai des nouvelles du Becquet ; 2 chasse-marée se sont coulés, les 6 autres seront peut-être obligés d'en faire autant.

A 5 heures du soir.

Tous les bois de la caisse sont sauvés, le vent est un peu calmé, mais toujours nord frais. Des 6 autres chasse-marée du Becquet, 2 se sont coulés ; les 4 autres se sont démâtés : ce sont des avaries, des frais et du retard. La gabare la *Forte* est hors d'affaire, elle a un pilote. Le reste de notre campagne est manqué : le vieux cône dernier coulé paraît sensiblement crevé par le centre ; on ne pourra juger de son état qu'après la tempête; la mer montante en couvre tout le côté nord et nord-est; on n'en voit plus que la pointe sud et sud-ouest ; d'ici, avec de bonnes lunettes, il paraît renversé sur son centre et les montants paraissent se traverser. Je trouve cet événement plus fâcheux que celui de la 3e caisse, qui n'était pas assez solide pour résister, à demi montée, à un coup de vent aussi furieux. Mais les détracteurs du projet auront bien des choses à dire contre la catastrophe d'une caisse qui avait déjà presque moitié de son plein au mois d'août. A la vérité, la caisse pleine paraît d'ici n'avoir pas souffert ; c'est cependant ce que je ne saurai exactement que lorsque je pourrai aller la visiter, quand il fera calme.

Le vent renforce avec la nuit, et je crains que le vieux cône ne vienne à la côte en détail : il en est encore parti une tonne oubliée que nous avons vue flotter tout le jour. Jugez, d'après ceci, combien il est nécessaire de régler les campagnes et de ne rien soumettre à l'arbitraire.

Agenda. 1784.

Il faut que M. le marquis de Castries ait la bonté de donner à M. Mistral les ordres les plus positifs pour donner à M. de Cessart tous les secours nécessaires pour son épreuve, et de lui enjoindre de faire passer ses ordres à M. Deshayes à Cherbourg ; il serait bon même que ce ministre en écrivît directement au commissaire des classes de Cherbourg, en faisant passer cette lettre à M. Mistral

Il faut, en outre, qu'il engage **M**. le marquis de Ségur à écrire directement au commandant de Cherbourg de la manière la plus précise, pour que toutes les fois que **M**. de Cessart aura recours à lui, soit pour avoir de la poudre des magasins pour l'extraction des pierres et pour faire des mines, soit pour les outils qui peuvent se trouver dans le magasin de l'artillerie, soit pour des travailleurs, indépendants du département de la marine et dépendants de la terre, comme artilleurs , soldats et autres, ce commandant puisse donner les ordres les plus prompts et faciliter à **M**. de Cessart son travail , et pour lever tous les obstacles qui pourraient se rencontrer dans le cours de cette épreuve.

Il est nécessaire que, dans les ordres que **M**. le marquis de Castries donnera aux officiers de son département, il leur recommande le plus grand concert avec le commandant, comme il doit engager **M**. le marquis de Ségur à exiger le même concert de la part du commandant avec la marine dans tout le cours de cette grande entreprise.

Il est nécessaire que les copies de ces ordres, émanés des deux départements, soient données à **M**. le duc d'Harcourt, pour qu'il puisse y joindre les instructions particulières au commandant, que la grande connaissance qu'il a de son gouvernement peut lui suggérer. Il est utile que la communication en soit donnée à **M**. l'Intendant de Caen, pour qu'il donne ses ordres à son subdélégué, ainsi qu'aux magistrats de la ville de Cherbourg , afin que les différentes demandes qui seront de son ressort n'éprouvent point de difficultés, et que toutes les parties de l'administration concourent unanimement à la réussite de cette épreuve importante.

Toutes ces dispositions doivent précéder le départ de **M**. de Cessart, ou il doit les emporter avec lui , pour être sûr qu'il ne sera ni gêné, ni arrêté, ni contrarié dans ses opérations.

Cherbourg, le 20 octobre 1784.

Monsieur le Duc,

M. Groignard est ici depuis avant-hier (1). Vous jugez bien que je ne puis pas vous rendre un compte bien détaillé de ses opérations, et encore moins de son opinion. Il s'ouvrira peut-être davantage avec M. de La Bretonnière qui vous en rendra compte. Quant à moi, M. Groignard sera sur la réserve, 1°. parce qu'il ne doit compte de sa mission qu'au ministre qui l'envoie ; 2°. parce que nous avons déjà été en opposition pour Cherbourg ; 3°. parce qu'il est provençal.

Je sais qu'il a été hier deux fois sur le cône, à différentes heures de la marée ; il a dîné et soupé chez moi ; il s'est retranché dans des termes généraux, disant qu'on est heureux qu'il se trouve en France des génies hardis qui entreprennent d'aussi belles choses, parce que ce sont de nouvelles lumières qu'on acquiert, *quel que soit le succès*. Voilà tout ce que je lui ai entendu dire, et cela ne signifie rien. M. de Caux m'a dit hier qu'il lui a demandé s'il venait de Harcourt ; qu'il a répondu que non, parce qu'il craignait de vous être devenu désagréable depuis sa mission de 1780.

M. de Caux m'a lu aussi le mémoire qu'il a fait partir lundi pour M. le maréchal de Ségur, et dont il vous a envoyé copie en même temps. Ce mémoire est clair et pressant. Il est certain que si on ne donne pas le million qu'il demande, si on ne rend pas l'avance faite des 200.000 liv., il sera obligé de renvoyer l'atelier de l'île Pelée, ce qui

(1) M. Groignard (Antoine), célèbre ingénieur maritime, constructeur des premiers bassins de Toulon, avait contribué, en 1759, à la défense du Havre attaqué par les Anglais, et avait été attaché, en 1779, au maréchal de Vaux préparant une descente en Angleterre. Il avait préféré la Hougue à Cherbourg, et son opinion n'était nullement favorable au système de M. de Cessart.

ferait un très-grand mal, et arrièrerait la défensive la plus importante de la rade de trois ou quatre ans au moins. Il faut aussi que les deux objets, de l'aiguade de la fontaine Poulière et des approvisionnements de Querqueville, soient fixés à part.

Il est très-essentiel, comme l'observe M. de Caux que les ordres soient donnés et les fonds assurés avant le 1er. novembre, sans quoi les entrepreneurs seraient en arrière sur les moyens ; c'est ce que je sais d'eux-mêmes.

Tous les objets de ce mémoire sont de la plus grande importance, car il est de nécessité absolue que les défenses de la rade marchent de front, et précèdent même sa fermeture, qui sera certainement très-longue ; ce que vous saurez mieux quand vous viendrez ici, et que les personnes chargées des différentes parties vous détailleront leurs moyens et leurs travaux.

J'ai l'honneur d'être, avec le plus respectueux attachement, Monsieur le Duc, votre très-humble et très-obéissant serviteur.

DUMOURIEZ.

M. Poulain, trésorier des troupes, vient de me dire qu'il vous écrit pour vous prier de lui être favorable dans la proposition qu'il fait d'être chargé des fonds des travaux de la marine pour la rade. Il serait peut-être utile que ces deux services fussent réunis dans les mêmes mains, pour ne pas se nuire mutuellement.

Cherbourg, le 23 octobre 1784.

MONSIEUR LE DUC,

M. Groignard est parti ce matin, après avoir visité pendant trois jours les chantiers et avoir eu beaucoup de cou-

versations avec MM. de Cessart et La Bretonnière, qui vous
en rendront compte. Il m'a assuré seulement que les dé-
monstrations de M. de La Bretonnière l'avaient entièrement
fait revenir de sa première opinion sur la Hougue, qu'il
convenait que Cherbourg était un point plus avantageux
et plus important à tous égards. Quant au genre des travaux de la rade, il ne m'a rien dit de particulier; il se sera
peut-être plus ouvert avec M. de Cessart, car il m'a dit
que, pour remplir sa mission, son intention était de lui
donner ses conseils en particulier, en cas qu'il trouvât
quelque idée qui pût être avantageuse à la solidité de
l'ouvrage.

M. le marquis de Harcourt s'est trouvé ici en même
temps, et a pu causer avec lui : ainsi, il vous en rendra
compte de son côté.

J'ai l'honneur d'être, avec le plus respectueux attachement, Monsieur le Duc, votre très-humble et très-obéissant
serviteur.

Dumouriez.

Cherbourg, le 11 juillet 1785.

Monsieur le Duc,

Vous m'avez montré bien des bontés depuis le temps que
j'ai l'honneur d'être à vos ordres ; je vous supplie de m'en
accorder une nouvelle, la plus importante de toutes. Ayez
la complaisance de présenter et d'appuyer de tout votre
crédit le mémoire que j'ai l'honneur de vous adresser pour
M. le maréchal de Ségur. Vous connaissez la vie de Cherbourg : vous jugez combien elle est terrible et désagréable,
quand on y passe l'année entière. Jusqu'à ce que les travaux fussent décidés, entrepris et en bon train, j'ai passé
par dessus toutes les considérations personnelles : j'avais

cependant déjà des motifs bien forts pour désirer ma liberté : la vieillesse de ma belle-mère, âgée de 75 ans et qui exige mes soins ; l'arrangement de ses biens et de ses affaires qui m'intéressent ; le besoin qu'ont de moi la marquise de Percy, ma belle-sœur, et ses deux enfants en bas-âge, auxquels je tiens lieu de père. Une nouvelle considération encore plus déterminante vient se joindre à tous ces motifs : c'est l'état fâcheux où se trouve ma femme. Je suis sans ressources à Cherbourg pour rétablir sa santé : l'état de représentation, la vie agitée qu'elle serait obligée d'y mener, achèveraient de détruire mes espérances à cet égard. Je connais trop bien l'excellence de votre cœur, vous êtes trop bon père, trop bon mari, pour que je puisse craindre que vous désapprouviez mon attachement pour les liens qui forment le tissu de ma vie. Vous allez vraisemblablement faire le voyage de Paris pour l'arrangement des travaux de Cherbourg : j'ose vous prier de profiter de ce voyage pour faire décider mon sort. Après avoir parlé de l'économie du roi, il est juste de parler de la mienne ; il m'est essentiel que cette décision m'arrive, avant que je sois dans le cas d'un déménagement très-coûteux, parce qu'il entraîne l'ameublement d'une très-grande maison.

Par l'arrangement que je propose, vous ferez plusieurs heureux, et vous consoliderez votre établissement de Cherbourg, sans augmenter la dépense du roi. Cette vue d'économie est favorable à ma demande, ainsi que toutes les raisons sur lesquelles j'appuie l'inutilité de la place de commandant.

Je ne prétends pas me retirer du service ; au contraire, je consacrerai avec plus de zèle mon expérience et la force de mon âge dans les armées. Je ne quitte point non plus la Normandie ; je serai toujours à portée de vous faire ma cour, de contribuer à votre gloire par mes vœux les plus ardents, et de mériter vos bontés qui me sont précieuses. Vous vous assurerez, par le service que vous allez me rendre, ma reconnaissance , qui ne finira qu'avec ma vie, ainsi que le tendre et respectueux attachement avec lequel j'ai l'honneur d'être, Monsieur le Duc , votre très-humble et très-obéissant serviteur.

DUMOURIEZ.

MÉMOIRE.

Le sieur Dumouriez brigadier des armées du roi a l'honneur de représenter à Monseigneur le maréchal de Ségur, que la nouvelle constitution que prend la ville de Cherbourg, par les vastes travaux de terre et de mer que Sa Majesté y fait exécuter, exige une nouvelle forme et une augmentation dans l'état-major de cette place ; que cet état-major, qui doit être augmenté nécessairement d'un lieutenant de roi et de deux aides-majors avec appointements, deviendra très-cher, si on ne supprime pas la place de commandant, pour faire face à cette dépense ; que cette ville devenant maritime par le séjour des escadres et des troupes de la marine, la place de commandant particulier est plus gênante qu'utile, surtout s'il est du grade de maréchal-de-camp, auquel le S^r. Dumouriez touche, et qu'il espère obtenir à son rang de la justice et des bontés du roi, à la première promotion ; qu'en temps de guerre, le maréchal-de-camp commandant dans la presqu'île du Cotentin se trouve tout naturellement chargé de la défense et du commandement de Cherbourg, ce qui évite une multiplication et une complication de commandements du même grade, toujours gênantes; que le service de cette place, qui ne peut jamais être fermée, pas même d'un simple fossé, par l'accroissement qu'elle prend, et dont toute la défense consiste en des forts isolés et des batteries marines, est un service de campagne ; que, lorsque la rade sera fermée par des forts , des digues, des batteries sur ces digues, des vaisseaux, bombardes et chaloupes canonnières, le reste de sa défensive est nécessairement extérieur , et lié avec la défensive entière du Cotentin.

En conséquence le S^r. Dumouriez, après avoir consacré huit années dans cette place avec l'approbation de ses supérieurs, après avoir contribué autant qu'il lui a été possible à la décision et à l'avancement des grands travaux que Sa Majesté fait exécuter à Cherbourg, espère qu'on regardera comme une nouvelle preuve de son zèle et de son dévouement la proposition qu'il fait lui-même, de supprimer sa place pour la création et la nouvelle forme de l'état-major nécessaire à établir. Se trouvant dans la force de l'âge et de l'expérience, se connaissant plus propre à l'activité des armées qu'à la tranquille administration d'une place, il désire, en cas de guerre, suivre la carrière dans laquelle il a réussi. Il supplie donc Monseigneur le maréchal de Ségur de vouloir bien lui continuer son activité de service avec les six mille livres de traitement, dont il jouissait avant d'être nommé commandant de Cherbourg. Les six mille livres en sus, et les quinze cents livres de logement dont il jouit, serviront à former les appointements et le logement des officiers que le roi choisira pour remplir les places de lieutenant de roi et d'aide-major, nécessaires à créer. L'état-major de Cherbourg se trouvera fixé dans la juste proportion qu'il comporte, et le S^r. Dumouriez , joignant ce sacrifice à tous ceux qu'il est toute sa vie prêt à faire pour le service du roi , acquerra la liberté et le droit de servir dans les armées, dans le grade qu'il aura au moment de la guerre (1).

(1) Cette démarche, faite par Dumouriez dans un accès de mauvaise humeur, n'eut pas de suite. Il demeura chargé du commandement de Cherbourg, et ce ne fut qu'en 1788 qu'il fut nommé maréchal-de-camp.

Lettres de M. de La Bretonnière.

Brest, le 26 octobre 1781.

Monsieur le Duc,

J'ai reçu la lettre, et la copie de celle de M. de Castries que vous avez eu la bonté de m'adresser. Il est certain que quand bien même on commencerait des travaux sous l'eau à Cherbourg, j'y serai peu utile relativement à cet objet qui sera confié à bien plus juste titre à des ingénieurs. Il paraît d'ailleurs qu'on craint de commencer cet ouvrage, et j'espère que ceux du Palais-Royal, du nouvel Opéra, et des boulevards marcheront avant celui-là. M. de Caux qui prend toujours les affaires à cœur, et avec les choses au pis, me mande que les ennemis du bien et du sens commun ont fait une cabale abominable, voyant la préférence que les ministres donnaient à Cherbourg, et ont retourné leur attention sur le Havre : je suis certain d'avance que M. de Bombelles n'aura rien dit sur le Havre, qui puisse avoir quelque chose de relatif avec les vaisseaux de guerre et les armées.

Aujourd'hui un courrier nous réveille, à 2 heures du matin, pour nous apprendre la naissance d'un dauphin. Nous nous en réjouissons par ordre de la Cour à n'en pas finir, et il est enjoint d'envoyer le détail de la manière dont nous nous serons réjouis. En conséquence, aujourd'hui 21 coups de canon au lever du soleil, idem à midi, idem au soleil couchant avec trois décharges de mousqueterie par chaque vaisseau. Tous les forts en ont fait autant. La terre donne un feu d'artifice ce soir, et les vaisseaux tireront chacun 30 fusées. Lundi, grand *Te Deum* en rade chanté au bruit du canon, gala chez M. le vicomte de Rochechouart

4

qui se trouve commandant en l'absence de **M**. de Guichen ;
grand souper, illumination, et bal à l'hôtel du commandant
de la marine. En effet, c'est un grand événement : dans
quelque temps, on doit croire qu'il opérera quelque change-
ment et augmentera le crédit de la reine; mais ce qui
nous aide à nous réjouir encore davantage est l'espoir
d'avoir dans peu de bonnes nouvelles de la Nouvelle-Angleterre. **M**. de Castries mande, en toutes lettres, au commandant qu'il augure très-bien des nouvelles reçues en Angleterre, par lesquelles il apprend que l'amiral Grave a eu
dix vaisseaux très-maltraités dans un combat qu'il a essuyé
avec l'armée française, le 11 septembre, à l'entrée de la
Chesapeack. On sait que M. de Grasse se disposait à s'emparer de 5 vaisseaux qui s'étaient embossés pour défendre
un convoi qui était à l'ancre, et que dans ce moment il
avait eu connaissance de Grave avec 19 vaisseaux; qu'il se
mit à la tête de 22 pour aller le combattre, et en laissa 6
pour observer et tenir en respect les 5 vaisseaux embossés, et le convoi. C'est dans ce combat qu'il paraît que
M. de Grasse a eu un avantage marqué, qu'il a désemparé
10 vaisseaux ennemis, au point qu'ils ont été obligés de
brûler le vaisseau *le Terrible*. Il paraît qu'il a préféré de
s'emparer des 5 vaisseaux et du convoi, plutôt que de
poursuivre ses avantages sur l'armée ennemie, dont il regardait peut-être le succès comme plus incertain. On juge
que ce convoi était chargé de troupes et qu'il était fort
concluant, pour le succès de nos opérations par terre, de ne
pas s'en emparer.

On peut s'attendre chaque jour à l'arrivée d'un paquebot,
qui nous apportera enfin quelque nouvelle décisive; cela
est bien à désirer. M. de Castries annonce aussi qu'il a
reçu des nouvelles de M. de Suffren, qui était depuis quelques jours au cap de Bonne-Espérance, lorsque Johston
est arrivé à la baie de Saldagne, à 15 lieues au nord de la

baie de la Table. Il s'est emparé de 5 bâtiments hollandais qui avaient eu la maladresse d'y rester, mais qui avaient mis à terre une partie, ou toutes leurs cargaisons. M. de Castries mande que cet événement ne fait rien à la sûreté du Cap. On juge que le commandeur de Suffren ne laissera pas Johston tranquille dans la baie de Saldagne, où d'ailleurs il n'a trouvé aucune resistance, n'y ayant pas un canon ; mais il ne manquera pas de se fortifier, peut-être de s'établir. D'ailleurs, il paraît que l'on a eu de bonnes nouvelles de l'Inde, et qu'on renonce au projet d'y faire passer des bâtiments ; car le ministre a mandé de charger de vivres ceux qui y étaient destinés, l'objet intéressant étant dans ce moment d'en envoyer à M. de Grasse.

Voilà cependant les Anglais attaqués dans bien des endroits à la fois ; j'espère qu'on leur arrachera enfin quelque plume, et que cela leur fera craindre de perdre une partie de leur manteau. L'Inde, Minorque et la Nouvelle-Angleterre ébranlées doivent leur faire demander la paix, pendant laquelle il est à désirer qu'on s'occupe des moyens de se procurer un poste avantageux dans la Manche.

M. de Grasse peut dire avoir en main la paix ou la guerre, il est temps pour lui de satisfaire à l'impatience du public : s'il avait encore manqué son coup, son nom ferait époque dans l'histoire de la guerre d'une manière bien fâcheuse pour l'État d'abord, et ensuite pour nous. Je crois que, dans sa première affaire, il a eu malheureusement bien des choses à concilier qui ne lui ont pas permis de tirer un meilleur parti de sa rencontre avec Hood. La frégate *la Sibille* part aujourd'hui avec un bâtiment de transport seul, chargé de munitions et de vivres. Elle passe à Lorient. Je ne serais pas surpris qu'elle n'allât au cap de Bonne-Espérance. J'attends toujours mes derniers ordres. On attend vraisemblablement un aviso de M. de Grasse pour me faire partir ; j'aurai l'honneur de vous informer du moment de mon départ lorsqu'il aura lieu. Les vaisseaux ont ordre d'être prêts à mettre à la voile le 10 du mois prochain ; mais les transports les retarderont, comme cela se pratique ordinairement.

J'ai l'honneur d'être, avec un profond respect, Monsieur le Duc, votre très-humble et très-obéissant serviteur.

LA BRETONNIÈRE.

Brest, le 29 octobre 1781.

MONSIEUR LE DUC,

. . . .

Je croyais, d'après ce que vous m'aviez fait l'honneur de me marquer sur le projet du Havre, que cela n'était relatif qu'à l'agrandissement du bassin ou d'un port marchand neuf. Et je ne crois pas encore qu'on puisse avoir autre chose en vue ; auquel cas cela ne pourrait faire aucun tort au projet de se procurer une rade fermée à Cherbourg, autre que de détourner les fonds.

Il semble que ce projet d'agrandissement au Havre ne doit avoir lieu que dans un temps de calme et de paix, car ce ne sera pas l'affaire d'un moment ; quand bien même ce port aurait lieu, il ne remplira jamais l'objet, celui d'avoir une rade fermée qui n'existe point à l'embouchure de la Seine, et capable de mettre des vaisseaux de guerre à l'abri. Je suis bien fâché d'avoir ignoré dans le temps la visite qu'y a faite M. de Bombelles, et encore plus qu'il ne vous ait pas communiqué l'objet de son voyage, et son avis après l'examen qu'il en a fait. Je lui en aurais écrit, et suis certain qu'il m'aurait su gré de mon observation ; il y a longtemps que j'ai eu lieu de me convaincre que Messieurs des ponts-et-chaussées aiment les ouvrages longs

et dispendieux. Il y a bien des inconvénients, autant que
j'en puis juger, à faire un nouveau port sur le poulier.
M. Legier, dans son projet de prendre les fossés et une
partie de la citadelle pour le nouveau bassin, regardait
comme un avantage de l'éloigner des bombes de l'ennemi et
des accidents qui en dérivent; il paraît que Messieurs des
ponts-et-chaussées ne les craignent pas plus que la force
du courant et l'impétuosité de la mer du large; je suis
fâché de ne pas savoir où est M. de Bombelles ; mais je
vais lui écrire par la voie des bureaux. Je prendrai le
prétexte de lui adresser les idées que j'ai eues sur Cherbourg, et de lui demander son avis comme à mon cama-
rade, que je connais depuis longtemps.

J'ai l'honneur de vous adresser les ordres originaux de
M. le vicomte de Rochechouart pour nous bien réjouir
d'après les ordres de la Cour. Nous aurons aujourd'hui
Te Deum, gala, bal, illumination , et 166 coups de canon
par chaque bâtiment. La ville et la terre en font autant
de leur côté. Le vin coule, et la nuit est éclairée par les lam-
pions et les feux d'artifice. Cela nous coûte 40 mille francs
de frais de corps pour la marine seulement ; heureusement une partie a été donnée aux pauvres et aux veuves.

J'ai l'honneur d'être avec respect, Monsieur le Duc,
votre très humble et très-obéissant serviteur.

La Bretonnière.

A Royan, le 30 juin 1782.

Monsieur le Duc,

Depuis la dernière lettre que j'ai eu l'honneur de vous
adresser, j'ai encore reçu une fois contre-ordre pour ne pas
partir, et dans ce moment-ci je n'attends qu'un souffle de

vent favorable, et le retour du courrier qui a annoncé l'arrivée de M. de Bouillé à Rochefort; ce qui occasionnera encore vraisemblablement quelques changements aux dépêches dont je suis porteur. On peut supposer l'armée de M. de Guichen au moment de paraître sur nos côtes, ce qui rendra, à ce que j'espère, mon passage plus assuré jusqu'à St.-Domingue, où je trouverai encore sans doute quelques difficultés pour l'atterrage.

Lorsque j'ai supposé le projet d'aller dans la Manche avec l'armée espagnole, j'ai offert à M. de Castries d'y être employé, persuadé que l'échec que nous avons reçu serait un motif pour y faire la guerre plus efficacement que nous ne l'y avons faite jusqu'à présent, et engagerait à s'approcher des côtes que nous connaissons malheureusement trop peu.

J'ai désiré d'y être employé d'après le peu de connaissances que j'en ai, et qui auraient pu être utiles à un chef quelconque ; car il faut espérer que ce ne sera pas M. de Cordova qui commandera, ou bien nous n'approcherons pas la côte de cent lieues, et la campagne d'été sera encore une campagne perdue et sans fruit.

Le journal fait mention, et même avec détail, des travaux projetés à Cherbourg ; il nous faut donc des revers pour apercevoir les choses telles qu'elles sont, et de première nécessité : si ce que le journal en dit avait lieu , je ne suppose pas que ce soit avant la paix. Je vous demanderais alors vos bontés, Monsieur le Duc, et désirerais d'y être employé, s'il est possible: je serai toujours flatté d'être à même de vous convaincre de mon entier dévouement, et du désir que j'ai de mériter de plus en plus vos bontés.

Je suis avec respect, Monsieur le Duc, votre très-humble et très-obéissant serviteur.

La Bretonnière.

Coutances, le 25 octobre 1783.

MONSIEUR LE DUC,

J'ai l'honneur de vous faire passer la dernière lettre du Ministre qui, comme vous verrez, paraît suffisamment approuver ce qu'on a fait, et convaincu que les moyens assemblés à Cherbourg, pour l'opération projetée, n'étaient pas suffisants.

Il paraît regretter la 3e. jetée en forme de chevron, qui couvrait la passe du milieu, et craindre que la rade ne devienne trop rétrécie pour une armée ; mais on sera toujours à même et en état de faire la 3e. jetée d'après l'effet résultant des deux premières ; et quoique je n'aie pas pu envoyer la surface de la rade qui aura lieu entre les jetées d'une manière rigoureusement exacte, cependant on peut voir à peu de chose près qu'elle pourra contenir 70 ou 80 vaisseaux, en les supposant à la distance de 150 toises, quoiqu'on puisse les établir à 100, comme cela se pratique ordinairement en armée, et d'autant plus aisément à Cherbourg qu'ils seront sur des corps-morts.

M. Dumouriez me mande qu'il aura l'honneur de vous faire passer les plans, que je sollicite en vain depuis mon départ de Cherbourg, sans avoir pu les obtenir encore. Je vous prie, Monsieur le Duc, de vouloir bien les lui demander : ce sera sans doute le moyen de hâter l'ouvrage du destinateur.

On ne pourra donner un plan rigoureusement exact de la rade et de la position des jetées, que lorsqu'il y en aura une mise en place. Jusque-là on ne peut le donner que d'une manière aperçue et approchée, attendu qu'on n'est pas certain de conduire la 1re. caisse conique à 20 toises près de l'endroit proposé, ce qui dérangerait encore le plan. Il faudra donc que la première soit en place, parce qu'elle deviendra alors un point fixe sur lequel on prendra différents relèvements qui en fixeront la position d'une manière rigoureusement exacte.

J'ai l'honneur de vous adresser l'état des demandes qu'il paraît que le Ministre m'autorise à faire de bonne heure, afin qu'il ait le temps de donner ses ordres en conséquence pour la reprise de l'ouvrage au printemps prochain.

Je ne les lui adresserai point que vous ne les ayez approuvées. Je vous prie d'y ajouter ou d'y retrancher ce que vous jugerez convenable, et de les adresser même au Ministre si vous le jugez convenable.

J'aurais désiré savoir le temps où vous serez à Paris, pour n'y aller qu'alors. Je suis retenu ici plus long-temps que je ne le désirerais par des affaires particulières qui ont beaucoup souffert par mon absence. J'ai même envie d'aller passer 8 jours à Brest, dans ce moment-ci, parce que cela m'épargnerait d'y aller au printemps prochain.

Je vous prie, Monsieur le Duc, de vouloir bien m'adresser ici vos ordres et vos intentions sur cela. Si vous n'allez à Paris qu'au mois de décembre, je serai certainement de retour pour avoir l'honneur de vous y rencontrer, ou vous y suivre au moins de près.

J'ai l'honneur d'être, avec respect, Monsieur le Duc, votre très-humble et très-obéissant serviteur.

La Bretonnière.

J'apprends de Cherbourg que M Denis, constructeur à Dunkerque, doit s'y rendre pour examiner s'il serait possible d'adapter des chameaux aux cônes ; c'est, dit-on, un homme de génie et de beaucoup de mérite.

Cherbourg, le 9 août 1784.

Monsieur le Duc,

J'apprends, avec un extrême plaisir, que votre santé va de mieux en mieux et que vos forces reviennent de jour en jour.

Je désire bien que le voyage de M. le maréchal de Castries ait lieu ; mais s'il passe par le Havre, comme on l'a dit d'abord, il est à craindre qu'il ne nous voie un peu trop superficiellement, attendu qu'il y a bien des détails qui méritent son attention : chacun prêche pour son saint.

Le chemin de Cherbourg à l'abbaye est commencé, et tout se dispose à le pousser avec vigueur.

Le mauvais temps nous contrarie un peu pour le remplissage. Suivant les comptes qui me sont rendus de la rade, il y a eu jusqu'à ce moment 780 chasse-marée vidés, savoir : 563 dans le premier cône, ou 2,252 toises cubes, et 217 dans le deuxième, ou 868 toises cubes à peu près. Les pierres y paraissent actuellement au niveau de la mer haute ; les soldats y dansent et y font leurs repas.

La troisième caisse est montée jusqu'au premier étage ; mais on est obligé de repasser les boulons de fer à la forge pour les allonger, attendu qu'ils se trouvent trop courts ; il est à désirer que cela ne retarde pas. D'ailleurs, tout va on ne peut pas mieux, Monsieur le Duc, et j'ai l'honneur de vous assurer que le service ne souffrira jamais de mon côté, pas plus qu'il n'a souffert, jusqu'à présent, de tout ce dont j'ai eu celui de vous rendre compte. Je suis désolé d'y être forcé, et que cela puisse vous faire la moindre peine ; je vous supplie de n'en pas prendre la moindre inquiétude à cet égard.

Mais j'ai résolu de ne vous laisser rien ignorer, afin que vous ayez la bonté d'être mon juge. Alors je serai tranquille et sans aucune inquiétude. Je chéris trop vos bontés et l'opinion dont vous avez bien voulu m'honorer, pour ne pas être en garde et prendre quelques précautions : *je vous supplie, Monsieur le Duc, de ne faire autre usage de ce que j'ai l'honneur de vous dire, que celui de voir venir, et de juger vous-même de ce que vous aurez occasion de reconnaître par la suite.*

D'ailleurs, je vais au-devant de tout le monde, et de tout ce qui peut aller au bien : la modération, l'honnêteté et le désir de bien faire régleront toujours ma conduite : on m'a forcé d'être sur mes gardes et de m'observer ; c'est le seul tort que j'aurai désormais.

Je ne dois pas vous laisser ignorer, Monsieur le Duc, que M. de Cessart m'a demandé, avec l'appareil des formes, une copie de la consigne que j'ai donnée au corps-de-garde du chantier. J'aurais peut-être pu en demander la raison, mais je n'en ai rien voulu faire. Je la lui ai fait remettre aussitôt : j'ignore quel usage il en a fait, ou veut en faire Je la lui avais communiquée avant de la signer et lui avais demandé s'il trouvait quelque chose à y ajouter ; il m'avait dit que non. J'ai l'honneur de vous en adresser le double ci-joint.

Je lui ai fait part et communiqué jusqu'à présent tout ce que j'écris. Je suis fâché, Monsieur le Duc, de vous informer que le concert que vous m'avez recommandé, et que j'ai toujours observé, n'a eu lieu jusqu'à présent que de mon côté. Il faut croire qu'il a ses raisons pour ne pas me communiquer ce qu'il écrit. Vous allez en juger.

Il a présenté au ministre un mémoire en faveur de M^e. Griot, maître d'équipage, attaché au grément des cônes, pour demander la médaille et une gratification pour le maître.

Le ministre m'a renvoyé sa lettre et son mémoire, et mandé à M. de Cessart qu'il désire que ce soit moi qui lui

adresse désormais ces sortes de demandes, *comme étant su-
périeur naturel de ce maître d'équipage , etc.*

J'ai l'honneur de vous adresser, Monsieur le Duc, la
copie de ce mémoire en faveur de M^e. Griot, où vous aper-
cevrez aisément qu'on est disposé à ne m'accorder que ce
qu'on ne pourra pas m'ôter. J'avais compté ne proposer
maître Griot qu'à la fin de la campagne avec tous les autres
maîtres susceptibles de mériter des grâces. J'ai écrit aussitôt
au ministre qu'il était susceptible des grâces que M. de
Cessart lui avait demandées pour ce maître d'équipage.
J'ai communiqué la lettre à **M.** de Cessart, et ne lui ai
d'ailleurs fait aucune observation sur son mémoire.

M. Deshayes avait également demandé des gratifications,
un traitement pour les capitaines de canonnières ; il a reçu
pareille réponse du ministre. Daignez juger, Monsieur le
Duc, je m'épargne toutes réflexions. Ils me font l'honneur
de dîner demain.

J'ai l'honneur d'être, avec respect, Monsieur le Duc,
votre très-humble et très-obéissant serviteur.

LA BRETONNIÈRE.

Cherbourg, le 18 août 1784.

MONSIEUR LE DUC,

Je suis bien fâché d'avoir à vous apprendre que notre
troisième cône a été abattu ce matin et jeté à la côte par
un coup de vent de nord-est très-frais. La chose est toute
naturelle : on le montait, il n'était point arrêté par sa partie
supérieure, et il a tombé comme des quilles.

J'ai passé la matinée, avec la troupe et les ouvriers du
chantier, à en faire ramasser les morceaux. La mer était
très-grosse ; je n'ai eu que 3 hommes blessés, dont un plus

gravement. C'est dans ces occasions que les meilleurs hommes se montrent et se blessent souvent, ce sont 3 soldats de marine.

D'ailleurs, il n'y aura pas le moindre mal ; on en ramasse les pièces, et on les remet en ordre dans le chantier.

Il est seulement fâcheux d'être trompé dans son attente. Cela nous apprend qu'il est déjà tard pour monter les caisses.

Le mal se trouve souvent à côté du bien : cela nous arrive à l'instant où la première est pleine et la seconde à moitié. Elles font aujourd'hui un essai assez rigoureux. Le vent est au nord-est grand frais et la mer très-grosse, et j'ignore s'il n'y aura pas d'événement. On n'en peut juger que de loin, attendu qu'il est impossible d'aller en rade ; mais jusqu'à présent ils paraissent se bien comporter. Nos bâtiments en rade ne souffrent point non plus.

Je vous prierai, Monsieur le Duc, d'adresser vos ordres aussitôt, soit pour la continuation ou pour la cessation des ouvrages relatifs à cette caisse. C'est peut-être un bien que cela arrive, si elle ne devait pas être prête, comme vous le désiriez et supposiez peut-être qu'elle le serait. Il est certain qu'elle ne l'aurait pas été pour le 15 de septembre au plus tôt, qu'alors il était tard pour la conduire, et que je ne sais pas si on aurait eu assez de pierres extraites pour la remplir. et si la saison l'aurait permis avant l'hiver.

Il est certain qu'attendu toutes ces circonstances, la caisse est tout aussi bien dans le chantier pour passer l'hiver que sur sa plate-forme.

Le grand point est donc actuellement de préparer toutes les plates-formes pour recevoir celles qu'on veut faire l'an prochain, de travailler à l'établissement des chantiers, et alors il n'y a rien de perdu, pas même du temps ; la seule chose est l'espoir trompé d'en mettre une troisième ; c'est un petit inconvénient, et il aurait pu être de conséquence si la mauvaise saison avait empêché de la remplir. On apprend tous les jours, et ceci nous confirme qu'il faut amasser, préparer dans le chantier pendant six mois , monter l'ouvrage et faire les leviers pendant trois. et naviguer seulement dans la belle saison pendant deux ou trois. Telle est mon opinion, Monsieur le Duc, d'après l'expérience.

Ce coup de vent-ci a été précédé la veille par les trois jours du calme le plus parfait que nous eussions eu de l'année : il est aussi bien malheureux d'avoir un coup de vent pareil le 18 août.

Il est fâcheux, je le répète, que, tout allant si bien nous ayons cet événement à vous apprendre. On ramassera les morceaux, tout sera remis en place: et tout se passe avec l'ensemble et l'harmonie que vous désirez . et qui aura toujours lieu de mon côté ; je vous supplie d'en être aussi convaincu que tranquille à cet égard.

Je crains aussi que la caisse ne soit pas aussi solidement tenue sur la nouvelle plate-forme que lorsqu'elle était boulonnée sur des pieux battus dans le sable ; d'ailleurs, je n'en décide point. Tous les coins qui la tenaient sont revenus à la côte. Il n'y aura rien de perdu.

Nous avions 8 chasse-marée qui ont été surpris dans le port du Béquet, et pour lesquels je crains beaucoup ; il y en a 3 de coulés, je crains beaucoup pour les autres. On s'occupe de leur donner tous les secours possibles.

Le coup de vent est très-fort. Dans tout cela . il n'y a rien à craindre pour les hommes, heureusement. Il est 11 heures du matin, j'espère que je n'aurai rien de plus fâcheux à vous dire jusqu'à l'heure du courrier qui part ce soir. A deux heures après midi , lorsque la mer a été basse , j'ai eu connaissance que la partie du nord-est de la 2e. caisse, qui n'est qu'à moitié pleine , a été enfoncée en-dedans. La moise supérieure s'est rompue, et le côté ouest a resté dans son entier, et à la même hauteur. Si le coup de vent dure, il est à craindre que cela n'augmente ; j'espère cependant qu'il n'y aura pas séparation. Moyennant quoi on pourra réparer cette partie supérieure, et le cône voisin qui est rempli servira de chantier et de point d'appui pour redonner à l'autre sa première forme. Le premier cône ne paraît souffrir nullement, attendu qu'il est plein ; le second, qui ne l'était pas, fait à peu près cette figure à 3 heures.

Si la partie submergée ne souffre pas, ce qui est très-vraisemblable, attendu que les pierres la contiennent et la retiennent, j'espère que la partie supérieure pourra se raccommoder. Quand bien même on ne lui rendrait pas sa première forme en la remplissant de pierres, elle acquerra de la solidité. Le 1er. cône se comporte d'ailleurs très-bien, et démontre leur solidité quand ils sont pleins.

Comme on apprend tous les jours, je crois que le défaut de ce dernier était d'être trop élevé au-dessus de l'eau et trop renforcé de bois à sa partie supérieure : il est arrivé de là qu'il présentait trop de surface à la lame, et qu'il a été enfoncé dans sa partie du nord est.

Ce soir, à 5 heures, la mer monte, et dès qu'il sera au-dessous de l'eau, il souffrira beaucoup moins : l'effort de la mer se fera au-dessus de lui ; c'est ce qui me fait croire qu'il est peut-être à désirer que les caisses n'aient que 45 ou 50 pieds de hauteur au plus elles : seront dès-lors beaucoup moins exposées à l'effort de la mer, seront remplies plus vite et rompront l'effort de la mer également que si elles étaient plus élevées.

Voici une fâcheuse journée pour la 3e. caisse qu'on voulait mettre à l'eau ; mais, pour le reste de la chose, elle ne l'est nullement. Celui qui est plein prouve évidemment et entièrement pour la chose.

C'est actuellement que le Ministre doit venir ici plus que jamais.

La manœuvre de la mise à l'eau de la 3e. caisse n'est

rien au fond de la chose , elle est connue et sera toujours praticable de beau temps ; ce n'est pas ce coup-d'œil qui doit déterminer le voyage du Ministre, mais plutôt le fond de la chose.

Je désire que votre santé se raffermisse de plus en plus, Monsieur le Duc, et suis désolé de la nouvelle que m'apprend M. Dumouriez, que M. le duc de Beuvron a eu trois accès de fièvre. Je le supplie d'agréer mon respect et mes vœux pour que cela n'ait pas de suites.

J'ai l'honneur d'être, avec respect, Monsieur le Duc, votre très-humble et très-obéissant serviteur.

LA BRETONNIÈRE.

Pardon, Monsieur le Duc, de mon griffonnage ! vous devinez qu'à chaque instant je suis interrompu, et que je ne suis pas inutile ici aujourd'hui.

Le mauvais temps a encore fait découvrir deux tonnes qui ont parti de la 2e. caisse et sont venues à la côte.

Cherbourg, le 18 octobre 1784.

MONSIEUR LE DUC ,

J'ai l'honneur de vous rendre compte de l'arrivée de M. Groignard ce matin. Il paraît qu'en se rendant à Brest, où il est chargé de quelques opérations, M. le maréchal l'a engagé à passer par Cherbourg pour voir par lui-même l'état des choses, et vraisemblablement lui faire part de ses observations et de son opinion. La journée s'est passée en visites de devoir Il s'est infiniment bien conduit envers M. de Cessart, auquel il a apporté une lettre de M. Peronnet ; il l'a bien assuré qu'il ne venait que pour voir et s'instruire. S'il a une opinion quelconque, j'espère que je serai plus à même de vous en rendre compte par le courrier prochain.

M. de Feuardent est revenu , et M. Dumouriez vous aura sans doute rendu compte du parti qu'il a pris de rétablir la communication le long des côtes : d'après quoi j'ai fait désarmer le *Cutter*.

M. le maréchal de Castries m'a prévenu que les officiers municipaux seraient chargés des frais qu'auraient occasionnés les précautions prises pour se conformer aux ordres de la Cour, arrivés ici par la voie de M. l'Intendant. Mais il faut observer que la ville de Cherbourg est hors d'état par elle-même de faire aucune dépense. Cependant les ordres de la Cour étaient précis, le cas urgent, et la nouvelle de la peste avait causé une frayeur générale sur la côte, qu'il paraissait convenable de faire cesser, en montrant au moins qu'on prenait des précautions. Il paraît que nous avons eu la visite de trois personnages de distinction , par les perquisitions que j'ai faites et les signalements qu'on m'a donnés : je crois que c'est M. le duc de Chartres et M. de Conflans ; le 3e. était plus petit et avait environ 45 ans.

M. le chevalier d'Éculleville a continué sa route pour Brest, après nous avoir laissé des bordages, du fer et du merrain pour le chantier.

J'ai l'honneur d'être , avec un profond respect, Monsieur le Duc, votre très-humble et très-obéissant serviteur.

La Bretonnière.

Cherbourg, le 23 octobre 1784.

Monsieur le Duc,

Depuis la dernière lettre que j'ai eu l'honneur de vous adresser , Monsieur le marquis d'Harcourt a passé ici et s'y est rencontré avec M. Groignard, qui lui a fait part de son opinion.

M. le marquis d'Harcourt a paru satisfait de la manière dont M. Groignard lui a parlé, et il se propose de vous en rendre compte, ainsi que d'un plan qu'il a fait, et qui peut s'adapter à Cherbourg.

Il nous a fait ici une amende honorable complète de tout ce qu'il avait dit pour la Hougue et contre Cherbourg ; il s'en prend aux gens incapables qu'on lui avait donnés pour l'éclairer sur la partie marine qu'il ne connaissait pas.

Il propose de communiquer à M. de Cessart même son projet, de bonne foi, avec franchise, et pour le suivre s'il est adopté. S'il se conduit aussi bien qu'il parle, on ne peut assurément que lui savoir grand gré de sa délicatesse, franchise, honnêteté, etc. Je remets toujours à M. le marquis d'Harcourt à vous mettre au courant.

On dîna chez moi hier, et M. de Cessart lui ayant demandé après dîner son avis, il y eut grande conférence et long pourparler entre eux deux, dont M. de Cessart aura sans doute l'honneur de vous informer. M. Groignard me dit seulement qu'il ne lui avait rien caché, et que M. de Cessart avait tombé d'accord sur tout.

Voici en gros l'opinion de M. Groignard, telle qu'il l'a donnée cordialement et de bonne amitié à M. de Cessart :

Que la partie émergée de la caisse ne peut durer plus de 5 ou 6 ans au plus ; que les pierres de l'intérieur, qui font un effort de 6 livres par pied carré sur le côté intérieur de la caisse, de l'aveu de M. de Cessart, afin que les pierres et le panier fassent corps, n'ayant plus d'enveloppe, nécessairement il y aura éboulement, et trop peu de talus pour que la mer ne le détruise pas jusqu'à la hauteur de la basse mer ; que les pierres perdues, jetées au pied de la première caisse, empêcheront celles qu'on doit mettre à côté de l'accoster, de manière que l'intervalle sera beaucoup trop considérable, et l'objet manqué, celui d'empêcher la grosse mer de se faire sentir dans la rade;

Qu'il vaudrait alors mieux faire des forts de distance en distance, qui au moins fortifieraient la rade contre l'ennemi, que de faire une jetée ou ligne de cônes trop éloignés les uns des autres, inutile contre la grosse mer et incapable de porter aucune fortification,

M. Groignard m'a dit que M. de Cessart était convenu avec lui de tous ces points, mais qu'il avait voulu assurer son dernier cône par tous les moyens possibles contre les événements de l'hiver. Il est seulement fâcheux que ces moyens puissent nuire à la suite du projet en produisant l'impossibilité d'approcher les cônes assez près les uns des autres, ce qui fera manquer absolument l'objet proposé.

Je craindrais de vous en dire autant, Monsieur le Duc, si je ne vous devais pas la vérité. M. le marquis d'Harcourt a un plan de l'ouvrage fait à Agde à vous proposer, et, de plus, les offres et le dévouement sans bornes de la personne de M. Groignard, qui n'a jamais osé ni voulu vous écrire, ni vous rien présenter pour ne pas paraître critiquer ou vouloir se mettre à la place de personne. Il offre même de donner les moyens à M. de Cessart.—Je vois que peu à peu je vous rends compte de tous les détails de la conversation avec M. le marquis d'Harcourt, à qui je voulais laisser cette affaire.

Il assure 2,000 toises de jetées en deux ans. Et quand chaque morceau ira en place, il sera en état de résister à tout.

On ne peut douter, à ce que je crois, Monsieur le Duc, si vous me permettez de vous le dire à vous-même, je vous prie, que le ministre et le contrôleur-général n'aient rappelé M. Groignard, ayant sans doute quelques raisons d'inquiétude ou d'incertitude sur les travaux projetés pour l'an prochain. M. Groignard l'a assez fait entrevoir à M. le marquis d'Harcourt, en lui parlant d'une manière qui n'était pas modeste relativement aux fonds que le contrôleur-général consentirait à donner. M. le marquis d'Harcourt vous en rendra compte.

Les pierres qui sont jetées sur le cône brisé ont pris un talus naturel du côté du nord, et ne remuent point. J'ai été dessus il y a deux jours. La mer les a arrangées beaucoup mieux que la main des ouvriers ne l'avait fait.

Le premier cône s'est incliné de quelques pouces vers le nord-ouest. On va commencer à le border au premier jour.

Si vous l'agréez, Monsieur le Duc, nous pourrions renvoyer 150 hommes à bras par la première gabare, et n'en garder ici que 150 pour le service de l'hiver, et en demander 450 autres pour le 1er. d'avril, pour compléter le nombre de 600 hommes pour la campagne prochaine.

J'ai l'honneur d'être, avec un profond respect, Monsieur le Duc, votre très-humble et très-obéissant serviteur.

La Bretonnière.

M. Groignard est parti ce matin pour Brest, où il sera un mois.

———

Cherbourg, le 20 octobre 1784.

Monsieur le Duc,

J'ai accompagné M. Groignard dans tout ce qu'il a fait ici. Il s'est fort bien comporté avec M. de Cessart, chez lequel nous dînons demain ensemble.

M. Groignard ne m'a parlé que du respect et de la vénération qu'il a pour votre personne, combien il a été fâché d'abord qu'on l'ait envoyé ici ; mais qu'il l'a fait par obéissance à son ministre qui l'a voulu.

M. Groignard n'ose et n'a osé vous écrire, ni passer par Harcourt, attendu que vous devez le supposer d'un sentiment contraire au système actuel, et qu'il croit, suivant sa conscience, ne rien valoir.

M. Groignard parle toujours d'après sa conscience, comme vous voyez, Monsieur le Duc, vous honore et vous respecte et ne veut point dire son avis, quand il croit que cela peut ne pas vous être agréable.

Il ne le dira au ministre que si le ministre lui ordonne de le lui dire ; tout cela dit beaucoup en ne disant rien, et laisse suffisamment deviner sa façon de penser.

Après cela, il m'a fait amende honorable sur son opinion pour la Hougue ; il convient qu'il n'avait point vu la chose comme marin, en aucune manière, attendu qu'il n'est point marin, mais seulement d'après ce qu'en avaient dit ceux qui l'avaient visitée avant lui, et M. de Vauban , qui avait fait mettre un ponton sur le banc du Bec; mais qu'il était convaincu, d'après les sondes et ce que je lui ai fait voir sur la nature du fond et des courants, qu'il est plus aisé de travailler à Cherbourg qu'à la Hougue, attendu qu'il y a moins d'eau et moins de courants.

M. Groignard , après beaucoup de propos et d'amphigouris , m'a montré ce qu'il vient de faire à Agde ; il m'a montré le plan d'une caisse de 200 toises qu'il a coulée. Il m'a dit qu'on lui en faisait encore trois pareilles dans ce moment.

Il m'a dit qu'il s'engageait, sur sa tête, à faire deux mille toises de pareilles jetées en deux ans.

Cette caisse a 100 pieds de large à sa base, et un talus de 50 degrés est maçonné intérieurement des deux côtés. Le milieu reste vide ; elle navigue comme un bâtiment toute chargée , on la coule en place en ouvrant seulement des robinets. Elle est armée de pieux qui la fixent sur le fond, et le milieu se remplit ensuite avec des pierres , qui remplacent l'eau qui l'a coulée.

Je voyais à peu près à quoi tout cela voulait en venir. Mais, par respect, par vénération et par attachement pour vous, il se tait, et ne produira ses moyens qu'avec votre agrément et quand le ministre voudra qu'il parle, et s'il agit, il veut agir sous vos ordres et n'avoir affaire qu'à vous.

D'ailleurs, il convient que ce qu'on fait actuellement au cône est tout ce qu'on peut peut faire de mieux, et prétend qu'il n'aurait pas passé l'hiver si on ne l'avait pas bordé et rempli les vides en pierres. Il laisse au temps à dire le reste. Tout en ne disant rien, M. Groignard n'est pas très-difficile à deviner ; comme vous voyez, Monsieur le Duc, il ne veut absolument parler que quand on l'interrogera.

Vous désiriez, Monsieur le Duc, que je vous rendisse compte de sa visite ici ; je ne puis vous rendre autrement les choses que comme il me les a dites et ce qu'il m'a fait entrevoir et donné à deviner.

Le résumé est qu'il parie sur son col faire 2,000 toises de jetées en deux ans. Il veut des forçats et des soldats de marine, d'ailleurs du hêtre et du sapin.

Je lui ai demandé s'il avait fait part de ses idées à M. le maréchal ; il m'a dit que non, qu'il n'en parlait qu'à moi, et qu'il s'était interdit toute espèce de réflexion sur le système actuel, pour ne pas avoir l'air de critiquer comme tant d'autres, et qu'il ne parlerait que quand on l'interrogerait, et toujours du respect et de la vénération pour votre personne. J'ai vu assez clairement l'homme qui veut se mettre à la place, mais qui veut qu'on l'en prie.

Il va d'ici à Brest, où il est chargé de faire un plan général du port, de transposer les différents détails qui n'ont été faits que successivement, et de proposer un plan général et les changements qu'il jugera nécessaires pour la plus grande commodité et la célérité des armements.

Il m'a beaucoup entretenu de sa franchise de cœur, et du regret qu'il avait que nous n'ayons pas eu notre conversation six ans plus tôt.

La rade serait fermée ; il m'a prié que notre conversation restât entre nous deux. J'ai paru très-persuadé de sa franchise et de sa modestie.

Nous sommes très-joliment ensemble. Il a beaucoup assuré M. de Cessart qu'il s'était fort instruit dans son voyage, qu'il avait vu de très-belles choses. Il part demain au soir, jeudi.

J'ai l'honneur d'être, avec respect, Monsieur le Duc, votre très-humble et très-obéissant serviteur.

La Bretonnière.

Comme le ministre m'a recommandé de lui faire part des observations de M. Groignard sur les différents points qu'il aurait lieu d'observer, j'ai l'honneur de vous adresser ma lettre que je vous prie de vouloir bien lui faire passer si vous la trouvez convenable.

J'ai l'honneur de vous écrire une seconde lettre que je lui ai communiquée, voulant lui paraître reconnaissant de sa confiance, et lui rendre confidence pour confidence.

Il m'a dicté lui-même une partie de la lettre, et engagé à ne vous écrire plus en détail qu'après son départ, voulant encore me dire bien des choses.

APPENDICE.

Mémoire historique de la mise à l'eau de la 2e. caisse conique de la rade de Cherbourg, des 6 et 7 juillet 1784.

Depuis le 7 de juin que la première caisse conique était mise à la mer, l'on s'occupait avec activité des réparations de l'ancienne, construite en 1783, afin de la mettre aussi à la mer le plus tôt possible.

Dès le 3 de juillet, cette caisse était prête : le sieur de Cessart fit disposer les cordages et grécments des 84 grosses tonnes qui devaient la faire flotter au premier moment favorable.

La brise des vents de nord-est qui s'élevait depuis plusieurs jours, tous les matins, avec le soleil, étant diamétralement opposée à la direction de la remorque, donnait, malgré le beau temps, de l'inquiétude sur la marche de la caisse, et faisait craindre de trouver des difficultés de la forcer contre le vent, le jusant et peut-être contre le flot, en arrivant trop tard au point de l'échouage.

Le sieur de Cessart, ayant bien examiné ce qui se passait à la mer pendant la nuit, depuis le coucher du soleil jusqu'à son lever, reconnut qu'un calme parfait régnait au moins 14 heures de suite. Il proposa à M. de La Bretonnière, le 4 juillet, de faire l'opération de la remorque pendant la nuit. Cette proposition parut hardie ; mais on assigna, pour y réfléchir, un comité le soir même chez M. le duc de Beuvron, où se trouvèrent M. de La Bretonnière, M. Duquesne, lieutenant de vaisseau, M. le comte d'Harcourt et le sieur de Cessart, où, après les plus mûres réflexions, examinant tous les événements possibles qui pourraient survenir, observant que l'obscurité ne devait durer que jusqu'à minuit, où la lune devait paraître, ainsi que le petit jour à 2 heures du matin, et considérant plus particulièrement encore les avantages du service du Roi, il fut unanimement résolu que l'on partirait à la pleine mer du 6 au soir.

M. de La Bretonnière donna des ordres en conséquence pour toutes les dispositions nécessaires à la remorque de nuit, et le sieur de Cessart fit placer successivement les 84 grosses tonnes dans la circonférence de la caisse.

Le poids de cette seconde caisse, à laquelle il avait été nécessaire d'ajouter beaucoup de bois pour réparer les échecs qu'elle avait soufferts le 15 septembre 1783, était de 1,304,000 livres, plus 180,000 pour son lest en pierre, formant une masse de 1,484,000 livres.

Pour connaître la pesanteur totale du système flottant à remorquer, il faut ajouter encore le poids des 84 grosses tonnes et 31 petites , formant ensemble 389,000 livres , qui , joint à celui de la caisse, donnait un poids total de 1,873,000 livres.

Comme il était aussi très-essentiel de connaître exactement, pendant l'obscurité, l'instant où la caisse se mettrait à flot, le sieur de Cessart fit placer quatre ficelles du haut de la caisse à des piquets frappés solidement sur le terrain , pour que , par leur rupture, on connût son flottage, pour donner l'ordre aux cabestans de terre de virer en même temps.

A 8 heures 1/2, M. de La Roche, inspecteur des ponts-et-chaussées , chargé par le sieur de Cessart de diriger les opérations de la submersion, monta sur la galerie de la caisse, ainsi que MM. Ferregeau , Geligny, La Jouski, sous-ingénieurs, et le sieur Martin, élève, avec seize ouvriers, en attendant le flot.

A 9 heures 20 minutes, la mer s'étant élevée à 11 pieds autour de la caisse , la 4ᵉ. ficelle du côté de terre cassa, et la caisse souleva alors , dans sa totalité : on donna ordre aux cabestans de terre d'agir, et la remorque commença.

M. de La Bretonnière, les sieurs de Cessart et Hubert, dans le même canot, parcoururent la première station de la remorque, et ils revinrent à la caisse pour suivre toute l'opération. M. de Chesy était dans un canot à la suite de la caisse.

REMORQUE.

La remorque était formée par un ponton, le *Frédéric-Guillaume*, attaché sur la caisse par une patte-d'oie d'environ 50 toises , commandé par M. de Blanque, lieutenant de vaisseau , sur lequel était établi un nouveau cabestan de la composition de M. Deshays des Vallons, commissaire de la marine ; ce cabestan, servi par 40 hommes, était destiné à virer sur le câble principal fixé au 1ᵉʳ. point d'appui, formé d'un navire ayant une ancre à la mer, de 3,000 livres.

La distance depuis la plate-forme où la caisse avait été construite à son point d'échouage, d'environ 2,000 toises , avait été divisée en 14 points d'appui semblables au précédent, c'est-à-dire par des navires plus ou moins gros, avec ancres de 2 à 3,000 livres. La direction de ces navires en station avait une courbure du côté de l'est, qu'il a fallu faire indispensablement pour vaincre le jusant et donner à la caisse le moins de chemin possible à parcourir.

Quatre chaloupes canonnières à 40 rames chacune, disposées deux à deux en file par des câbles frappés sur chacune d'elles, se dirigeaient sur le ponton le *Frédéric-Guillaume* par d'autres câbles bossés dessus. Le cabestan établi sur ledit ponton virait un grelin ou câble de 6 pouces de circonférence qui devait se prolonger par des attaches, de point d'appui en point d'appui, jusqu'au point de l'immersion. A mesure que chaque partie de ce gros câble de 100 à 120 brasses se trouvait enroulée sur le *Frédéric-Guillaume*, on le reportait successivement sur un vaisseau placé en avant.

C'est avec cet appareil et ces dispositions que l'on a commencé la remorque à 9 heures 3/4 du soir, et à 10 heures 50 minutes l'on était déjà parvenu au 2e. point d'appui ; à 11 heures 15 minutes, l'on atteignit le 3e.; ensuite, à minuit 10 minutes, le 4e.; à minuit 35 m., le 5e.; à 1 heure 20 m., le 6e.; à 2 heures, le 7e. ; à 2 heures 40 m., le 8e. ; à 3 heures 10 m., le 9e.; à 3 heures 25 m., le 10e. ; à 4 heures 1/4, le 11e. Après avoir parcouru quelques-unes des premières de ces stations dans cet ordre, les chaloupes canonnières dérivèrent par le jusant, et M. de La Bretonnière les fit quitter. Il vint ensuite de petites brises de terre avec lesquelles on se servit de la misaine du ponton, que l'on prit et que l'on baissa selon la variation de ces brises.

Nota.—La remorque était suivie par M. le duc de Beuvron, M. le comte d'Aigremont, Mme. la comtesse de Fuentès, Mlle. Fanelly ; Mme. de La Bretonnière, M. Boutin, dans le canot de M. de Foligny, lieutenant de vaisseau. M. le comte d'Harcourt, M. Dumouriez, M. Carbonnier et différents autres officiers étaient dans le canot de M. le Mis. Duquesne, lieutenant de vaisseau, commandant la gabare du roi, le *Porte-Faix*.

Le sieur de Cessart et le sieur Hubert quittèrent à ce point M. de La Bretonnière, pour se rendre sur la première caisse en place, et faire préparer le radeau qui devait diriger l'opération de l'échouage, dans la distance qu'on devait observer entre chaque cône.

La caisse flottant parfaitement bien, ayant encore trois intervalles des points d'appui à parcourir, est arrivée à 6 heures dans l'alignement général des môles et à environ 50 toises à l'ouest de la première caisse.

Alors M. de La Bretonnière , en faisant haler sur les différents cabestans du ponton l'*Aigle* , établi dans le nord-ouest , ainsi que de la gabare, du brick, près la première caisse et du ponton le *Frédéric-Guillaume*, on ramena la caisse sur le point de son échouage.

Vers les 7 heures du matin, on s'est débarrassé des 16 tonnes du 1er. cours extérieur et des 8 tonnes du 2e. cours intérieur. Cette opération a été bien faite. M. de Cessart a signalé ensuite la section des 27 tonnes du 2e. rang extérieur qui était à séparer seule à seule dans des points diamétralement opposés. Cette deuxième opération a été un peu plus longue , les ingénieurs ayant été obligés d'examiner ensemble le jeu des couteaux et remédier à l'inclinaison que la caisse prenait, afin de rétablir toujours son niveau à mesure de son enfoncement.

Comme l'on est arrivé à la fin de la basse mer , les dispositions faites pour arranger la caisse dans son alignement n'ont pas eu lieu. On devait la conduire peu à peu afin d'éviter le choc des deux cônes, séparés par un radeau. Mais, pour opérer cette nouvelle manœuvre, il s'est perdu un temps qui a pris sur celui de l'échouage. Enfin le flot est arrivé et la caisse, plongée de 30 pieds, a dérivé avec ledit flot, malgré les retenues des quatre gros navires.

Il n'était plus question alors d'échouer , mais de prendre un parti pour la contretenir , afin de la faire échouer à la basse mer de l'après-midi , lorsqu'on l'aurait conduite à sa place , la submersion à faire n'étant plus que de 9 pieds pour toucher le fond de la mer.

M. de La Bretonnière ordonna les dispositions nécessaires à cet effet. Il établit de fortes amarres dessus la 1re. caisse échouée, du ponton le *Frédéric-Guillaume*, d'un sloop et du ponton le *Canada*, placés dans l'ouest, afin de résister au courant du flot.

M. de Cessart, qui avait eu de la fièvre depuis plusieurs jours, la fatigue de la nuit ayant augmenté son accès , fut contraint de se rendre à Cherbourg , dans l'espérance de revenir à la basse-mer de l'après-midi, pour faire échouer la caisse des 9 derniers pieds, comme on était convenu avec M. de La Bretonnière. Il laissa ses ordres à M. Hubert. M. de Chesy voulut bien rester. Il était 9 heures du matin, et l'on envoya tous les équipages prendre du repos et manger.

M de Chesy, avec plusieurs ingénieurs invités par M. le duc de Beuvron, passèrent sur la gabare du roi, le *Porte-Faix*, pour s'y reposer, en attendant que toutes les dispositions ordonnées fussent exécutées.

Pendant quelque temps, la caisse, bien amarrée par la partie restante au-dessus de la base étant plongée de 30 pieds, parut inclinée à l'ouest et faire tendre considérablement les câbles.

MM. de Chesy, La Roche et Hubert sortirent de la gabare le *Porte-Faix*, pour revenir sur la 1ʳᵉ. caisse et veiller à ce qui arrivait. MM. Feregeau et La Jousky, restés dessus la 2ᵉ. caisse, firent couper la soupente d'une tonne du 2ᵉ. rang extérieur, pour redresser l'inclinaison de la caisse. Il était environ 11 heures du matin.

Dans cette situation, le sieur Hubert proposa à M. de Chesy de ne pas attendre la basse-mer pour faire échouer la caisse, et de faire les dispositions pour profiter de l'étale de la haute mer, en demandant néanmoins conseil à M. de La Bretonnière.

D'après l'approbation de M. de Chesy, le sieur Hubert écrivit à M. de La Bretonnière, qui fit réponse qu'il était du même avis, qu'il allait donner les ordres en conséquence et se rendre lui-même auprès de M. de Chesy.

Toutes les dispositions ayant été faites avec toute la dextérité possible, par MM. de Varrage et Obet, officiers de la marine, et le radeau qui devait fixer l'intervalle entre les deux cônes étant placé, l'on commença la manœuvre.

La caisse, quoique submergée de 30 pieds, arriva dans le meilleur ordre ; elle allait être dans le véritable alignement marqué par deux jalons sur la première caisse, lorsque le grelin du ponton le *Frédéric-Guillaume* cassa (on frappa tout de suite un nouveau grelin du *Frédéric-Guillaume* sur la caisse).

L'amarre de l'ancre mouillée, qui était en opposition du *Frédéric-Guillaume*, forçait beaucoup. Les ingénieurs de dessus la caisse en avertirent. Les câbles du *Porte-Faix* et du ponton l'*Aigle* ayant été filés modérément, tout fut remis dans le meilleur état.

Le sieur Hubert passa sur le derrière de la 1re. caisse pour juger de l'alignement de la seconde, et ayant saisi le moment, il fit signal à ses camarades, qui étaient sur la 2e. caisse, de faire couper toutes les soupentes des tonnes restantes. Comme il ne restait plus que 5 à 6 pieds d'immersion à faire pour atteindre le fond de la mer, bientôt on sentit un léger contact sur toute la base. A 1 heure 20 minutes après midi, la caisse fut mise en place un instant avant l'étale de la mer.

Au moyen de la disposition du radeau, de 50 pieds de longueur, placé entre les deux caisses, leur base ne se trouve éloignée que de 6 pieds, précision à laquelle on ne s'attendait pas, par la difficulté qu'on prévoyait de pouvoir faire approcher aussi aisément deux corps déjà plongés de 40 pieds dans l'eau.

En total, l'opération de la remorque et de la submersion a duré depuis 9 heures 3/4 du soir de la veille jusqu'à 1 heure 20 minutes d'après-midi du lendemain, ce qui fait 14 heures.

RÉSULTAT.

Il résulte de cette seconde expérience faite pendant la nuit, et de ce qui est précédemment arrivé lors de la remorque et de l'échouage de la 1re. caisse, plusieurs connaissances qui ne peuvent qu'éclairer, rectifier et assurer ce genre de travail.

Tout ce qui a été disposé jusqu'à ce moment n'est dans le cas de recevoir que des modifications accidentelles. Les procédés de la flottaison, de la remorque et de la submersion sont maintenant bien connus, ainsi que tous les avantages suivants :

1°. De n'avoir plus besoin que d'environ 9 et 10 pieds de hauteur d'eau pour flotter;

2°. De compter sur 20 jours par mois, au moins, pour la flottaison ;

3º. De pouvoir remorquer avec peu de voiles lorsqu'il y a du vent favorable, puisque par le seul effet de trois chaloupes canonnières, sous leurs voiles de misaine, l'on a été obligé de modérer la marche avec une retenue de quatre chasse-marée chargés de pierres, attachés en retraite sur le derrière de la caisse ;

4º. De pouvoir éprouver de l'irrégularité dans l'échouage, sans danger, ni crainte, pour la solidité, le fluide agissant toujours dans tous les sens de la caisse pour la soulever ;

5º. Par l'épreuve de cette seconde caisse construite depuis 9 mois, restée sur les chantiers exposée à tous les dangers de la mer, on ne peut douter de leur solidité :

6º. De pouvoir choisir le jour ou la nuit pour entreprendre la remorque, selon l'occurrence des temps ;

7º. De n'être point forcé de combiner le temps de la remorque, afin d'arriver à la basse mer pour échouer, le moment de l'étale de la haute-mer étant aussi avantageux pour opérer l'immersion que celui de la basse-mer ;

8º. Par une nouvelle disposition, on peut charger la caisse en 24 heures de 200,000 livres de pierre pour lui donner la stabilité nécessaire, et n'avoir pas besoin d'ancres de retenues contre la mer montante et les courants.

OBSERVATION SUR LE CABESTAN DE M. DESHAYS DES VALLONS.

Le poids de la caisse, avec ses 84 grosses tonnes considérées comme un seul système flottant, plongé de 12 pieds dans la mer, occupant une base d'environ un demi-arpent, pesait 1,873,000 livres ; il déplaçait un volume d'eau de 25,672 pieds cubes.

Comme le ponton du *Frédéric-Guillaume*, attaché à la caisse par une patte-d'oie de 50 toises de longueur, était également remorqué par le même cabestan, on doit également comprendre son poids, évalué à 400 tonneaux, ou 800,000 livres ; d'où il suit que le poids total de ces deux corps flottants pouvait faire une masse de 2,673,000 livres.

Le cabestan était garni de 40 hommes, distribués à des

leviers différents, mais qui peuvent se réduire à 6 pieds, d'une longueur moyenne; conséquemment leur force pouvait être estimée 5,760 livres.

4 chaloupes à fond plat. de 18 rameurs, formant ensemble 72 rames, dont la force peut être évaluée à 5,000 livres environ.

Suivant l'expérience des 600 premières toises de longueur, la marche a été de 6 à 7 toises réduite par minute, déduction faite du retard occasionné par la manœuvre faite pour détacher le grand câble des points d'appui; mais le reste de la marche a été environ 4 à 5 toises par minute, les hommes étant fatigués.

Cependant, on l'a dit ci-devant, la caisse arrivée à 6 heures du matin au point de l'échouage, étant partie à 9 heures 40 minutes du soir, le temps de la remorque n'a duré que 8 heures 29 minutes. Comme l'opération indispensable à faire aux 14 points d'appui retardait à chaque station la marche au moins de 10 minutes, il faut déduire 140 minutes, ou 2 heures 20 minutes de temps perdu sur la remorque de 8 heures 20 minutes; il restera donc 6 heures pour le temps effectif de la navigation.

Il est parfaitement démontré qu'avec le cabestan de M. Deshays des Vallons, et les 72 rameurs agissant ensemble avec une simple force de 10,760 livres, on a remorqué continuellement, et sans la plus petite interruption, pendant 6 heures, une masse de 2,673,000 livres, en lui faisant parcourir 6 toises par minute; cette vitesse aurait été augmentée considérablement si, dans le trajet de 2,400 toises, on avait eu trois relais d'hommes pour renouveler les ouvriers du cabestan, au lieu de deux qui y étaient.

D'où l'on peut conclure que la découverte du cabestan de M. Deshays des Vallons, d'après une expérience faite aussi en grand, tant pour la pesanteur des deux corps flottants que pour la durée d'un travail de 6 heures, doit lui mériter de la part du Gouvernement une récompense distinguée.

A Cherbourg. le 8 juillet 1784.—

Signé : DE CESSAUT.

Caen, typ. de A. Hardel.

9 782019 952945